中国石窟艺术

GROTTO ART OF CHINA

榆林窟

敦煌研究院 编

江苏凤凰美术出版社

纪念敦煌研究院成立70周年

中国石窟艺术
GROTTO ART OF CHINA

榆林窟
The Yulin Grottoes

主　　编　樊锦诗

执行主编　赵声良

撰　　文　赵声良

编　　委　樊锦诗　周海歌
　　　　　赵声良　毛晓剑

图版说明　齐双吉

摄　　影　吴　健　孙志军
　　　　　宋利良　张伟文
　　　　　赵声良

英文翻译　王平先

目　录

榆林窟全景

Panorama of the Yulin Grottoes

榆林窟，又名榆林寺、万佛峡，位于甘肃省瓜州县西南踏实河（又名榆林河）东、西两岸的峭壁上，因河两岸榆树成林而得名。榆林窟创建于公元7世纪，即唐代初期，历经唐、五代、宋、回鹘、西夏、元、清各代。现存42窟，包括东崖上层20窟，下层11窟；西崖11窟。现存壁画约5200平方米，彩塑200余身。榆林窟是中国中晚期一处重要的佛教石窟寺遗址。

榆林河谷远眺

Overlook of the Yulin River valley

榆林河又名踏实河，全长180千米，发源于祁连山西段北麓的野马山，源头最高海拔5100米，年平均径流量约为5495万立方米。榆林窟所在的河谷，东西谷宽约70~100米，两崖高约20米，崖面陡峭成垂直状态。

20世纪40年代的榆林窟东崖

East cliff of the Yulin Grottoes in 1940s

20世纪40年代，榆林窟上层洞窟之间的墙壁被打穿，作为通道。在南北两侧的洞窟前设木梯上下。河岸没有防洪设施。

榆林河谷中的石窟群（1986年）

Group of Caves in the Yulin River valley (1986)

从榆林河东崖的崖顶俯瞰河谷，可见西崖的崖壁间分布着一些洞窟。河谷内树木葱茏。

榆林窟东崖（1993年）

East cliff of the Yulin Grottoes (1993)

上世纪20年代，曾对榆林窟的塑像、窟前建筑进行过少量的维修；上世纪50年代中期，对半数洞窟顶大面积脱落的壁画进行了抢救性的加固。1992年至1995年，敦煌研究院与铁道科学院西北研究所合作，对榆林窟东西崖崖体进行了锚索加固与栈道修建。

加固工程后的榆林窟东崖栈道（2010年）

Walkways in the east cliff of the Yulin Grottoes after consolidation (2010)

加固工程后的榆林窟西崖栈道（2010年）
Walkways in the west cliff of the Yulin Grottoes after consolidation (2010)

加固工程后的榆林窟西崖栈道（2010年）

Walkways in the west cliff of the Yulin Grottoes after consolidation (2010)

上世纪80年代末至今，遵照“不改变原状”的修复原则，采取传统工程手法和现代科学技术手段相结合的方法，对榆林窟的壁画、塑像、窟前建筑等进行加固、保护、修缮工作，同时对榆林窟东、西崖崖体进行了锚索加固与栈道修建，为防止榆林河水的威胁，修建了防洪堤。

榆林窟东崖山门

The main gate of the east cliff at the Yulin Grottoes

山门位于东崖北端，人字脊、双开门，土泥抹面，与崖体颜色协调一致，它是从北面进入窟区的必经之路，东崖主要洞窟都处于山门之南。

榆林窟东崖北侧化纸楼

Huazi (Hell Money Offering) Tower, north side of east cliff at the Yulin grottoes

化纸楼，呈小塔形，塔腹留有空间，塔顶有烟道，供人在窟前焚香烧纸所用，大多建于清代，也有个别建于元代。

主编介绍

樊锦诗，浙江杭州人，1938年出生于北京，1963年毕业于北京大学历史系考古专业，同年到敦煌文物研究所工作至今。现任敦煌研究院院长、研究馆员。中央文史研究馆馆员。中国敦煌吐鲁番学会名誉会长，兼任兰州大学、东华大学教授、博士生导师。历任中国共产党第十三大代表；全国政协第八、九、十、十一、十二届委员。

主要从事敦煌石窟考古研究、石窟科学保护和石窟科学管理等工作。发表论文数十篇，主要有《敦煌莫高窟北朝洞窟的分期》《莫高窟隋代石窟分期》《玄奘译经和敦煌壁画》等。学术著作主要有《敦煌石窟全集·第一卷：莫高窟第268~275窟考古报告》（北京：文物出版社，2011年）、《敦煌石窟全集·佛传故事画卷》（香港：商务印书馆，2004年）。并主编《敦煌石窟全集》（全26册，香港：商务印书馆）、《敦煌石窟》（全10册，东京：文化学园文化出版局）等。

榆林河谷
The Yulin River Valley

榆林窟艺术概观

赵声良

（一）

榆林窟位于甘肃省瓜州县（曾名安西县）西南，开凿于踏实河（又名榆林河）两岸的峭壁上，又名榆林寺、万佛峡。现存洞窟42个，分布在相距约100米、长约500余米、高约10余米陡立的河谷两岸崖壁上（图1—图4）。其中，东崖上层20窟，下层11窟；西崖仅有一层，共11窟。在东崖的上下层窟的北端见有僧房及禅窟的遗迹。洞窟现存壁画约5200平方米，彩塑250余身；窟前有塔、化纸楼等土建筑20座。

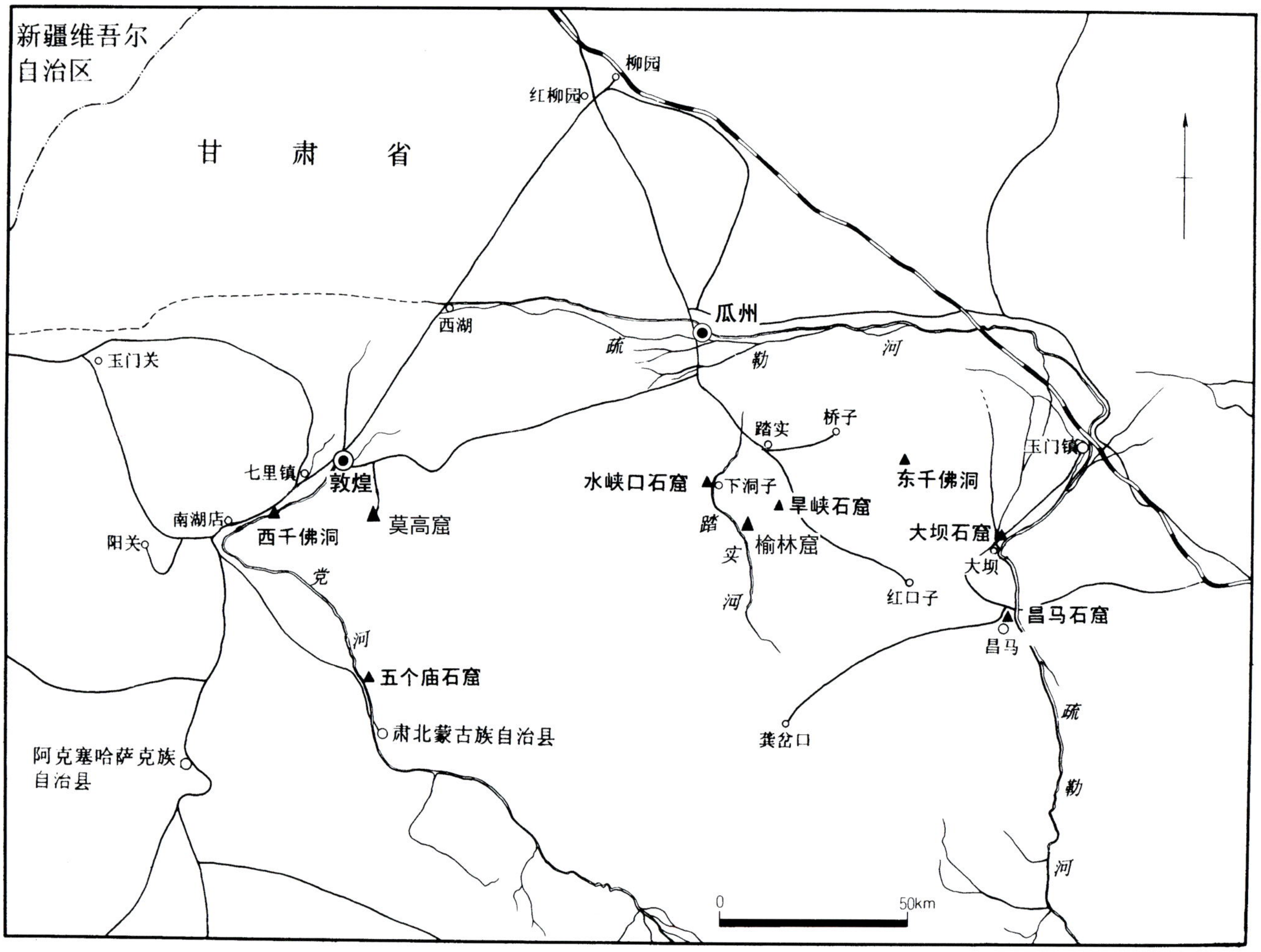

图1　敦煌石窟分布示意图

榆林窟所在地瓜州，地处敦煌市以东一百多公里。自古以来，瓜州与敦煌为同一文化圈。西汉元鼎六年（前111年），在河西设置武威、张掖、酒泉、敦煌四郡。敦煌郡辖敦煌、效谷、龙勒、冥安、广至、渊泉六县。其中冥安、广至、渊泉县都在后来的瓜州境内。至晋元康五年（295年）分敦煌郡之宜禾、伊吾、冥安、广至、渊泉等五县，与酒泉郡之沙头县、新立之会稽、新乡县，置晋昌郡。今瓜州之地大体就在晋昌辖境之内。北魏改名为会稽郡，分广至、冥安、渊泉入凉兴郡，更名为常乐郡。北周并二郡为会稽郡，更名永兴郡。隋初并入瓜州（今敦煌）。唐武德五年（622年）瓜州（今敦煌）改名为西沙州，贞观七年（633年）省“西”字，另于晋昌县立瓜州，辖晋昌、常乐二县，治晋昌（今瓜州东南）。隋唐时玉门关从敦煌东徙至瓜州城东北，今瓜州县东双塔堡一带，这说明瓜州地理位置之重要。唐初玄奘西行求法，偷渡玉门关，就是当时瓜州之玉门关。

瓜州榆林窟创建年代，至今无考，文献记载，西晋时期（3世纪），佛教已传入敦煌，十六国时期（4世纪）莫高窟已正式创建了。这一时期，敦煌与瓜州都深受佛教的熏陶，建立寺院，开凿洞窟都有可能。但从榆林窟现存的洞窟来看，还未见到唐代以前的遗迹。

图2　榆林窟外景

图3　加固工程后的东崖栈道

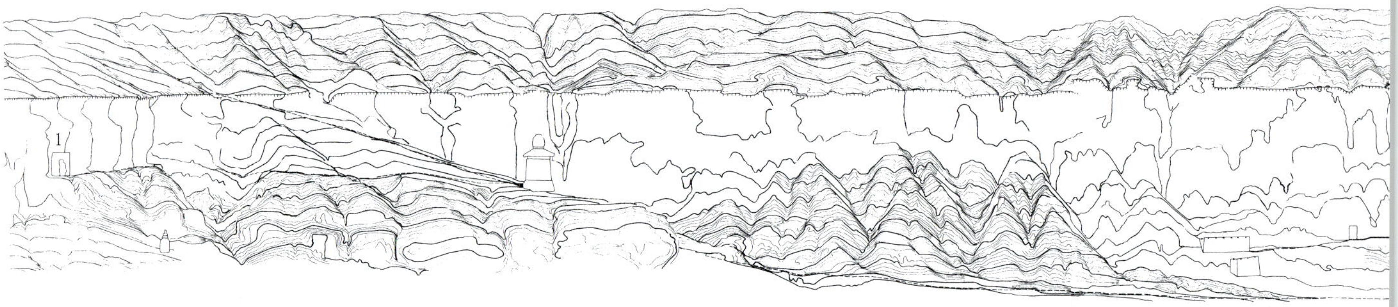

图4　东崖立面图

榆林窟现存洞窟中，第28、17窟时代较早，其壁画和彩塑残迹为初唐风格。所以，推断榆林窟开创于初唐时期（7世纪）大致无误。第6窟有高达24.7米的大佛，也是唐代所建，但经历代重修，佛像的装銮及窟内现存壁画均为后代所作。根据现存遗迹，唐代兴建洞窟有19座，其中的绝大部分洞窟壁画为后代重绘覆盖。

天宝十四年（755年）发生安史之乱，唐朝被迫调动包括敦煌、瓜州在内的河西、陇右等地军队入援，西北边陲骤然空虚，吐蕃乘虚而入，迅速占领了陇右地区，然后由东向西进攻河西。大历十一年（776年）攻陷瓜州，进而包围沙州，于贞元二年（786年）陷沙州。吐蕃在河西统治的军政中心是凉州（今武威）和瓜州，沙州隶属于瓜州节度。吐蕃政权统治瓜、沙60余年期间，佛教势力迅速膨胀，敦煌设立专门翻译佛经的译场，不断向唐朝求取佛经，还从唐朝延请俗讲僧到河西各地向各汉族聚居区百姓宣讲佛法。中原佛教文化仍不断对河西产生影响。吐蕃大力提倡佛教，推动了瓜、沙两州莫高窟、榆林窟的兴建。榆林窟现存之第25、15窟即建于吐蕃占领时期。

会昌二年（842年）吐蕃内乱，势力大衰，在河西的统治开始动摇。大中二年（848年）沙州地方大族张议潮率众起义，逐走吐蕃统治者，收复瓜州和沙州等十一州，遣使奉表归唐。大中五年（851年）唐朝在沙州设归义军节度使，册封张议潮为河西十一州节度使。张氏归义军政权，恢复唐制，推行汉化，使敦煌的政局得到了稳定。佛教在张氏政权保护下继续发展，瓜、沙两州不断营建寺院和石窟。

五代乾化四年（914年），敦煌地方大族曹议金接替张氏政权，在瓜、沙二州六镇重建归义军政权。此时中原动荡不安，对西北的控制减弱，曹氏归义军政权一直保持与中原王朝的密切往来，接受中原王朝封号，奉中原正朔，利用旧日唐朝在各族人民中的声威，以求在西北各民族中树立自己的正统地位。又以和亲的方式，东与甘州回鹘，西与西州回鹘、于阗政权结好。曹议金及其后继者推行的外交政策不仅使归义军政权在五代宋初复杂的民族关系中得以生存发展，并由此带来相对安定的政治环境，而且还为密切中原王朝与西北地区的联系创造了良好条件，促进了河西地区与西域各绿洲王国的相互友好往来。瓜州在归义军政权下具有十分重要的地位，曹氏政权初期，由曹氏

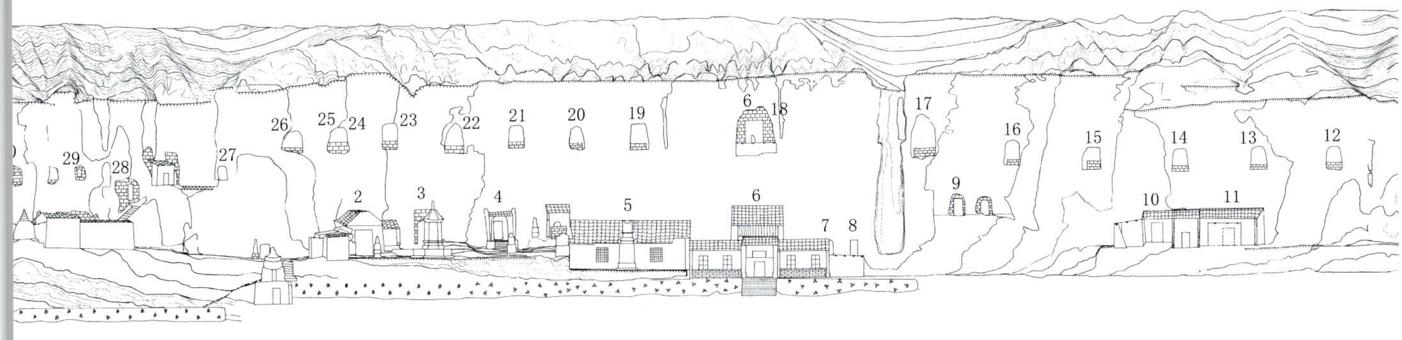

姻亲慕容归盈任瓜州节度使（914—940年），慕容氏开凿了榆林窟第12窟，并绘制“慕容归盈出行图”。此后的瓜州刺史均由曹氏家族的人担任，包括曹元忠、曹延晟、曹宗允、曹贤惠等，使瓜州政治与沙州保持一致。10世纪中叶，北宋建立以后，很多中原僧人经由河西、敦煌，前往天竺（印度）求法，西域僧人也经河西东行传法。敦煌与中原、西域之间佛教文化的交流为曹氏归义军时期佛教的继续兴盛提供了良好的外部条件。曹氏不仅把发展佛教，争取佛教势力的支持作为稳定社会、巩固政权的重要措施，还凭借高度发达的佛教文化来提高曹氏政权在西北少数民族政权中的地位。在这样的背景下，敦煌、瓜州佛教继续保持着强大的势力。这时榆林窟新建、重绘洞窟共28个。

在曹氏归义军晚期，外临强大的西夏攻势，对内统治无策，瓜沙政权一度受回鹘势力的控制。1036年西夏攻占了瓜、沙等州，但却无力进行有效的统治，瓜、沙地区政权实际上掌握在回鹘的手里，从曹氏晚期到西夏占领初期，史称“沙州回鹘”时期。直到1068年西夏再次攻占瓜、沙，沙州回鹘政权才灭亡。沙州回鹘和甘州回鹘、西州（今吐鲁番）回鹘一样，都信奉佛教，沙州回鹘统治瓜、沙期间继续提倡佛教，榆林窟未新建洞窟，重绘前代洞窟4个，其中原唐代建造的第39窟几乎为回鹘全部重绘。

西夏占领瓜、沙后，在瓜州设立了西夏监军司（监军司为地方军事指挥机关），管辖瓜、沙两州，将瓜州作为瓜、沙地区的政治中心。党项族很早就接受了佛教，西夏建国（1038年）前后，统治者就大力提倡佛教，曾六次向宋朝求赐佛经，并大兴土木，修建佛寺。还组织翻译、校勘和刻印西夏文佛经。西夏中、后期更重视学习藏传佛教，西夏仁宗遣使入藏专门迎请噶玛噶举初祖都松钦巴。都松钦巴遣弟子藏索哇赍经像来西夏首府兴庆（今银川），被仁宗尊为上师，为之建译场，译藏文佛经。萨迦派第三代祖师札巴坚赞弟子迥巴瓦国师觉本也曾被西夏王奉为上师。当时乌斯藏密教两大教派的高僧都为西夏所重视。因而藏传密教得以影响西夏，并遍传西夏地区。此时榆林窟新建洞窟4个，重绘前朝洞窟5个。

1227年，蒙古军队攻破沙州，同年西夏灭亡。成吉思汗将瓜、沙等地划归八都大王管辖，瓜、沙两州建制一度被废。至元十四年（1277年）忽必烈将瓜州、沙州收归中央政府直接管辖，复立为州。至元十七年（1280年）在沙州置沙州路，设置总管府，统管瓜、沙二州。由于瓜、沙二州仍是连接中原与西域交通的重镇，此时瓜、沙地区佛教依然流行。1334年后，西宁王速来蛮驻镇沙州，以汉、藏、蒙、梵、西夏、八思巴文等六种文字刻六字真言碑，又重修了皇庆寺。榆林窟也保存了这一时期元朝官吏到榆林窟拜佛的题记，部分洞窟还可看到蒙古人的供养像。榆林窟在元代新建洞窟2个，重绘前代洞窟9个。

1368年，明朝建立，元朝灭亡。1404年，明廷在沙州设立沙州卫，瓜州设立赤斤蒙古卫。又在瓜、沙之间设立罕东卫。1479年在沙州故城设立罕东左卫。明朝为防止瓜、沙一带元朝残余势力，在肃州以西修筑嘉峪关，将沙州百姓迁入嘉峪关内。1524年封闭嘉峪关。此后，莫高窟、榆林窟长期处于无人管理状态。

清朝1718年在安西（今瓜州）、玉门一带设立靖逆、赤斤二卫。18世纪上半叶，清嘉庆、道光年间，佛教徒对榆林窟进行了大规模整修。整修中新建了6个洞窟。重修了30多个洞窟，现存的近200身塑像，除少数几身为唐、五代、宋塑外，其余190身左右均为清塑。

中华人民共和国成立之后，榆林窟与莫高窟、西千佛洞都属于敦煌文物研究所（敦煌研究院前身）的管理范畴，研究所设专人日常看管榆林窟，并开始对石窟实施维修保护，对壁画病害进行治理。1961年因榆林窟的突出价值，被国务院列为第一批全国重点文物保护单位，1962年甘肃省人民政府划定了榆林窟的重点保护区和一般保护区范围。为了加强榆林窟的保护管理工作，1986年甘肃省政府批准设立了榆林窟文物保管所，隶属于敦煌研究院，负责榆林窟文物及其周围环境的日常保护、开放和管理工作。

榆林窟开凿于7世纪，历经唐、五代、宋、回鹘、西夏、元、清各代，前后历经1000多年的建造。瓜州与敦煌地域相接，文化相通。榆林窟的洞窟形制、壁画和彩塑、题材内容与艺术风格和莫高窟相近，学术界习惯将榆林窟纳入敦煌石窟（包括敦煌莫高窟、西千佛洞、瓜州榆林窟、东千佛洞、水峡口石窟、下洞子石窟、肃北五个庙石窟）体系。与莫高窟相比，榆林窟又有自身的艺术特点。吐蕃时期兴建的第25窟壁画艺术是中国同期壁画中的精华；五代、宋时期，榆林窟所新建和重修的洞窟28个，是榆林窟的主体。西夏、元代洞窟及其以藏传密教为主的不同民族壁画艺术，是中国晚期石窟寺壁画艺术中的精华，补充了莫高窟的不足。榆林窟艺术保存了丝绸之路中西文化和多民族文化交融的信息，其重要的历史、艺术、科技价值及其精美的壁画艺术是敦煌石窟艺术宝库中的重要组成部分，在中国中晚期佛教石窟寺壁画艺术中具有重要地位。

(二)

榆林窟是唐代以后开始营建的。这个时期，莫高窟的营建已有较大规模，并形成了一定的体系，榆林窟借鉴了莫高窟的一些开窟规范和技法，如中心柱窟、覆斗顶窟等形式，都是莫高窟已有的。但是，瓜州榆林窟似乎有意要造成与莫高窟有别的特点，如唐代的几个中心柱窟，中心柱下部都有高近1米的台座（图5），这是莫高窟中心柱窟没有的。中心柱窟的窟顶也没有像莫高窟那样的人字披顶与平顶相接的状况，而是沿中心柱上部向四壁倾斜形成微微的斜坡顶。唐代所造的大佛窟（第6窟）为穹隆顶（图6），也与莫高窟的两座大佛窟不同。这些都表明榆林窟的营建者试图创造一些有别于莫高窟的艺术形式。五代以后的覆斗顶窟，均在洞窟中心设方形佛坛，却没有莫高窟五代洞窟那样的背屏，有些洞窟较小，往往于后壁画出佛背光（图7），与佛坛上的佛像相对应，这也是榆林窟所特有的布局形式。榆林窟上层的洞窟，除了连通前室与主室的甬道外，在前室外还有较长的甬道（称为前甬道），一直通向窟外的栈道。表明当时的榆林窟对上层洞窟栈道的建造有着精密的设计。后来崖外的栈道毁坏，后人把各洞窟前室相邻的墙壁凿穿作为通道。20世纪90年代敦煌研究院进行榆林窟保护工程时，经过多方研究，仍采用在崖壁外修建栈道的办法，在一定程度上恢复了洞窟营建之初的状况。

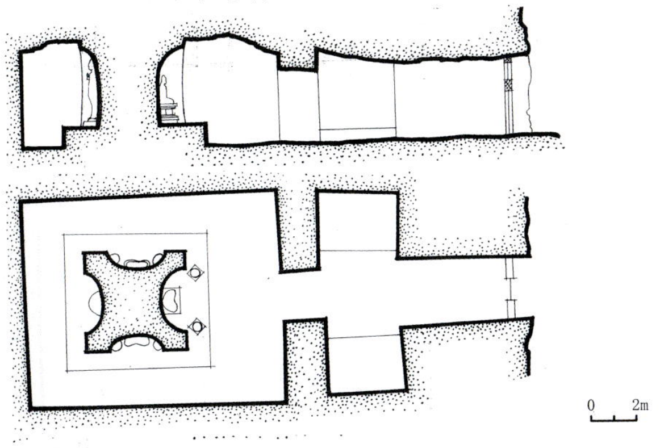

图5 第39窟平剖面图

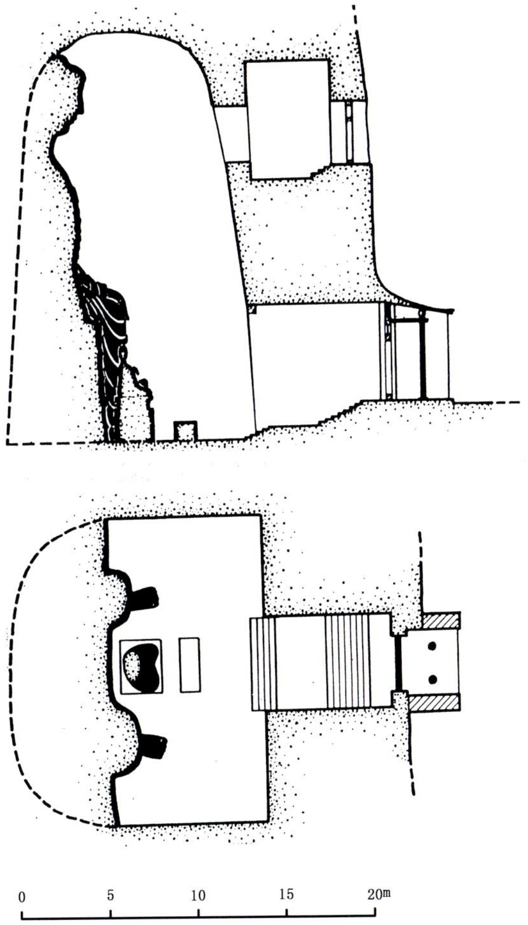

图6 第6窟平剖面图

图7　第15窟东壁背光图案　宋

榆林窟的彩塑所存极少，第6窟的大佛始建于唐代，但历经各时期重修重绘。第28窟中心柱四面龛内的佛像和第17窟中心柱南向面的佛像虽经重修，但在很大程度上保持着唐代彩塑的特征。第31窟中心佛坛上存一身五代菩萨塑像，菩萨头部已失，身体匀称，上身半裸，斜披天衣，身体微向前倾，作游戏坐。这身菩萨造型优美，基本保持了唐代以来彩塑的精神风貌。除以上的彩塑外，现存洞窟中的彩塑多为清代以后重修或重塑。

榆林窟的壁画从主题上可分为六类：一、尊像画；二、经变画；三、故事画；四、密教曼荼罗；五、供养人画像；六、装饰图案画。

尊像画：主要是佛、菩萨、天王以及龙王、飞天等形象。佛像通常以说法图的形式画出，佛在中央说法，两侧分别有佛弟子、菩萨、天王等形象，形成人物众多，气势宏大的形式。也有表现千佛或者表现单独佛像的，如药师佛，往往单独画出。菩萨的形象，主要有文殊、普贤、观音、势至等。其中文殊、普贤多以出行、赴会的形式，表现众多的侍从簇拥而行进在空中，往往又有山水、海浪为背景。这些文殊、普贤赴会图，有的学者也称之为“文殊变”“普贤变”，但是，它与唐代以来的经变画如阿弥陀经变、法华经变等不同，没有具体表现某一部佛经的主要内容，而仅仅是作为菩萨的尊像，配合侍从而绘出。观音菩萨是深受中国信众喜爱的菩萨。佛教有三十三观音之说，唐代以后的壁画中，千手千眼观音、六臂观音、水月观音等形象很多。特别是水月观音在印度和西域的石窟中没有，是中国式的观音形象。画史记载水月观音为唐代画家周昉所创，此后，水月观音就十分流行。榆林窟西夏时期第2窟的水月观音表现观音菩萨在山水竹石之间，把中国的山水画与佛教的菩萨结合起来，意境清新，具有很高的艺术水平。天王也是尊像画中重要的项目，通常在洞窟的前室绘于南北两侧壁，或者是门的两边，表现天王威武的神情，体现出天王镇守佛国的精神。五代北宋的洞窟还往往于门两侧画出龙王及眷属的形象。

经变画是壁画中内容最丰富的一类，唐宋时代的弥勒经变、观无量寿经变、法华经变、维摩诘经变等气势恢弘，场面宏大，以巍峨的宫殿建筑表现佛国世界，以世俗人物的形象，表现佛国世界的各种生活场面，使佛国世界富有人间气息。特别是榆林窟第25窟的观无量寿经变中生动活泼的乐舞场面，弥勒经变中耕作和婚嫁场面，第33窟的维摩诘经变中弈棋的场面等等，真实地反映了当时的社会生活，成为经典性画面。第33窟梵网经变是古代壁画中较少出现的题材，表现大乘戒律思想，具有重要意义。另外，一些题材，如报恩经变、地狱变、目连变以及能救苦拔难的观音与地藏菩萨图像等等也反映出佛教与中国传统儒家思想之间的交流与融合和中国佛教的进一步世俗化。总之，经变画的内容极其丰富，艺术成就也很高。

故事画的题材，主要有佛传故事、佛教史迹故事等。佛传故事，是各时代佛教艺术中最常见的内容。五代时期的一些洞窟，往往以屏风画的形式表现佛传故事，如第36窟在南北两壁下部各有10扇屏风，现在仅存南壁9扇和北壁1扇。每扇屏风画出两三个画面，表现乘象入胎、树下诞生，步步生莲等几十项有关释迦牟尼从诞生到涅槃过程的详细内容。与莫高窟同时期第61窟的联屏佛传故事可以相比较，互为补充。同时

图8　第29窟西夏女供养人　霍熙亮临摹

期的第33窟则是以降魔内容为中心，在两侧以条幅的形式来表现佛传故事，这一形式可能借鉴了观无量寿经变的构图形式。第39窟的儒童本生，以单幅画来表现，在敦煌晚期石窟中仅此一例，从构图形式与风格来看，显然是受高昌回鹘壁画的影响。佛教史迹故事画，主要表现佛教历史上的一些高僧传说故事和一些佛教圣迹的故事。往往在一幅画面中，组合了较多的故事内容，如第33窟南壁的佛教史迹画，以于阗牛头山为中心，表现了刘萨诃因缘、毗沙门天王决海、优填王造像等众多的故事。

密教曼荼罗是榆林窟壁画中较有特色的内容。唐代以后，密教开始流行，榆林窟第25窟的八大菩萨曼荼罗是敦煌壁画中较早出现的同一题材内容。从中唐到五代的曼荼罗壁画上可看出印度波罗王朝佛教艺术风格的影响。西夏和元代，由于受藏传佛教的影响，藏密的金刚界曼荼罗和胎藏界曼荼罗较多地出现在壁画中，如第29窟、第2、3、4窟等，洞窟中央设坛，就是按曼荼罗的思想来布局的。榆林窟壁画中的曼荼罗形象对于研究早期藏传佛教艺术具有重要的意义。

供养人，是指出资修建洞窟的人。各时代的洞窟都会在一定的位置画出供养人画像。而供养人像由于是表现真实的人物，具有特别的历史文化价值。榆林窟唐代供养人已不存，五代洞窟中保存了大量曹氏家族的供养人像，如曹议金、曹元忠等形象，尤其是在第12窟还画出了当时的瓜州刺史慕容归盈的出行图。晚期的洞窟中还保存了大量的回鹘、西夏、蒙古等少数民族的供养人形象（图8-9）。而伴随这些供养人出现的还有文字题记（也称榜题），题记有汉文、西夏文、回鹘文、蒙文等，为我们提示许多珍贵的历史信息。其中第16窟所绘曹议金和夫人甘州回鹘公主供养像及题名、第35窟所绘曹延禄和夫人于阗公主供养像及题名、第15窟首次出现的新的西夏国名“梅那国”题记、第29窟第一次出现西夏文书写的有封号与姓名的国师称号“真义国师昔毕智海”、第19窟有“甘州画师住户高崇德”、第35窟有“施主沙州工匠都勾当画院……”、第29窟题记中反映了一家四代供养人及大量的西夏官职题名等等，皆是研究这一时期丝绸之路沿线各民族历史活动的真实记录，具有突出的史料价值。

图9　第6窟前室西壁　蒙古供养人像

（三）

榆林窟丰富的佛教壁画艺术，反映了人物画、山水画、装饰图案艺术的高度成就，并形象地反映了音乐舞蹈艺术、建筑艺术和科技成就。

榆林窟壁画以佛像画为主，佛像画是指表现佛、菩萨、弟子、天王及飞天等佛教诸神的形象。虽说是造神，但表现出的还是人物的形象，丰富多彩的佛、菩萨、弟子等形象表现出古代人物画水平，特别是把众多人物与建筑、风景组合在一起的经变画取得了极高的艺术成就，如吐蕃时期的第25窟弥勒经变、观无量寿经变以广阔的山水树木和建筑场景表现佛国世界，构图宏大，设计严谨，色彩鲜艳，空间关系的处理完善，体现出唐代壁画艺术表现宏大场面的非凡成就。同窟中不仅两铺经变画中的人物描绘精致，经变画两侧的菩萨、东壁的文殊变与普贤变等形象，以娴熟流畅的笔法，准确生动的造型，表现出一个个神态各异的形象，画家特别注意人物的表情、眼神等细节的刻画，富有个性。五代第16窟的劳度叉斗圣变、第32窟的维摩诘经变等都反映出画家对远近空间及环境的表现水平以及不同人物性格的塑造。五代绘画虽然总体上比唐代艺术逊色，但在榆林窟壁画中仍然体现着不少新的创意，如维摩诘经变，唐以来都是以维摩诘和文殊菩萨分两边形成对称状，众多听法的人物都分别聚集于两侧，而榆林窟第32窟的维摩诘经变则以维摩诘幻化的妙喜世界为中心，表现须弥山上的佛与菩萨、天人等形象，这种中轴对称的形式在净土经变中较常见，而运用于维摩诘经变中，则是唐代壁画中所未见的。

唐代以来流行的文殊变、普贤变，通常都是画在门两侧，分别以文殊和普贤为中心，周围画出随行的眷属。而第35窟的文殊变和普贤变则在南北两壁通壁绘制，如北壁的文殊变中，前有天人和伎乐，两侧各有菩萨引道，文殊菩萨有八身化身，形象一致，分别骑狮子前行，后面又有菩萨、天人随行，全壁人数多达五十余，形成浩浩荡荡行进的气势。南壁的普贤变也同样，有八身普贤的化身分别骑着白象前行。这种形式表现的文殊变和普贤变在敦煌壁画中是绝无仅有的。大部分文殊变与普贤变表现文殊的坐骑狮子与普贤坐骑白象都是描绘侧面形象，这样才能较好地表现动物的形态。而在榆林窟第13窟、第6窟明窗等壁画中的文殊变与普贤变，却描绘出正面走来的文殊与普贤，狮与象都是正面形象（图10-11），这样无疑是为了表现文殊与普贤的正面形象，但对于狮、象表现却非常不容易。这在莫高窟壁画中未见，在其他地区的壁画中也是十分罕见的。

第32窟的文殊变与普贤变则是表现文殊菩萨与普贤菩萨分别乘狮子与白象行进在云朵之上，周围有菩萨、天人侍从。而背景则描绘人间的山水城郭，有意造成一种“天界”与“地境”的差别，从而表现文殊

图10　第13窟西壁门南　文殊变　宋

图11　第13窟西壁门北　普贤变

图12　第3窟普贤变中山水画

与普贤在云端的神圣感。

西夏第3窟东壁的文殊变与普贤变也同样分别表现文殊、普贤与侍从圣众行进在云端，下部是波涛汹涌的大海，岸边则是雄奇的山峦。山水背景竟占了一半以上的画面，其间雄奇厚重的山峰，体现出范宽、郭熙等画家所开创的华北山水的意境，而在近景表现中，树木掩映、云横雾绕，山中草屋隐现，时露清泉。这些气氛又令人感受到南宋马远等画家的风格。这两壁大型的水墨山水反映出两宋山水画中流行的风景构成和水墨技法，是西夏时期传自中原的新画风，也是敦煌壁画中十分珍贵的水墨山水画（图12）。

第3窟的文殊变与普贤变在人物画法上同样也达到了极高的水平，文殊、普贤及侍从人物几乎都以白描的手法画出，笔法劲健，衣纹流畅，转折处顿挫有力。第29窟的供养人画像也体现出西夏画师在人物肖像画方面的成就，此窟供养人形象写实，体形健壮，面形长圆，具有西夏民族人物特征。

第2窟的两幅水月观音图以对角线构图，表现出月光下坐在岩石上的观音菩萨形象，把中国传统山水画的意境与佛教主题相结合，创造了幽静、典雅、空灵的宗教艺术境界。第4窟密教的说法图，表现出受藏传佛教艺术及印度波罗王朝风格影响的人物造型表现手法。第2、3窟新出现的“唐僧取经图”，亦为同类壁画题材最早者，是对玄奘取经故事的神话式演绎与创造。

在装饰艺术方面，榆林窟各时期洞窟的窟顶藻井、佛背光及边饰等图案都有完整的设计与绘制，并体现出不同时期的艺术风格。其中西夏的第2、3、10窟和元代第4窟的藻井较为突出，图案多以青绿色彩为主调，并有贴金相配合，风格典雅而华丽，纹样中出现了工字纹、六出龟纹、四斜球纹等，与北宋时期的建筑学著作《营造法式》所记录的建筑纹样完全吻合，反映了当时中原传来的新装饰风格。第3窟和第10窟的图案中还有动物与植物组合的新纹样，如狮子、飞马、凤凰等动物与莲荷、牡丹、石榴等植物组合的纹样，构思独特而绘制精美。第10窟藻井图案的装饰纹样层层相间，竟达十多层，表现出无限丰富灿烂的效果。

榆林窟壁画中还描绘了古代乐舞形象，这些表现佛国世界的乐舞图实际上反映了当时人间的乐舞。壁画中的乐器形象，表现了吹、打、弹、拉不同乐器类别的乐器器形。如吹奏类乐器的横笛、竖笛、风笛、筚篥、排箫、笙、海螺、埙等。打击类乐器有手鼓、䁣鼓、大鼓、拍板、钹、钟等。弹拨类乐器有琵琶、筝、凤首琴，拉弦类乐器有胡琴。其中第10窟飞天乐伎斜弹琵琶的姿势和方法与今天的弹奏法相同。第3、10窟绘有大、小四件胡琴，类似今天的坠胡琴，是壁画中胡琴之最早者（图13）。壁画还表现了演奏乐器的姿态动作，乐队的乐器组合配置，如第25窟观无量寿经变在起舞舞伎的两侧，有八名乐伎组成的乐队为其伴奏，再现了古代音乐演奏场面。榆林窟壁画的舞蹈形象，包括巾舞（长袖舞）、腰鼓舞、执琵琶舞等等。第25窟观无量寿经变中的舞伎击鼓而舞；第33窟壁画中有单人长袖舞，第19窟有长袖舞与琵琶舞对舞。这些舞蹈形象在一定程度上再现了唐代宫廷乐舞的场面。长袖舞是中国的传统舞蹈，五代时出现长袖舞，表明中原舞蹈文化的影响。第38窟壁画中还表现了生活气息浓郁的婚宴俗乐舞。榆林窟壁画的舞乐形象，在一定程度上记录了古代特定地区乐舞发展的脉络，是研究古代乐舞的重要资料。

榆林窟壁画中保存了较多的建筑史形象资料，第25窟观无量寿经变描绘的净土寺院，大殿和配殿等建筑群，作传统的中轴线对称和封闭式廊院的平面布局。西夏第3窟精美的观无量寿经变和天请问经变的净土寺院，与中原宋、金建筑风格十分相似，前面和后面均有并列的三座殿堂，用回廊相连，庭院两侧对称的各有一座高耸的楼阁，建于曲岸之水池中。此外还有佛寺、城垣、住宅、殿堂、楼阁、塔等各类建筑形象。第14、21、22窟前室壁画描绘仿木构三间四柱窟檐的檐柱、斗拱、木枋、阑额的彩画，白墙红柱，柱子以青绿色束莲连珠纹装饰，以代真实的木构窟檐。建筑结构的细部，如台基、台阶、柱枋、斗拱、门窗、栏杆、屋顶、脊饰、瓦饰等等，也有丰富的形象资料。榆林窟和莫高窟壁画中拥有丰富的建筑史资料，这在其

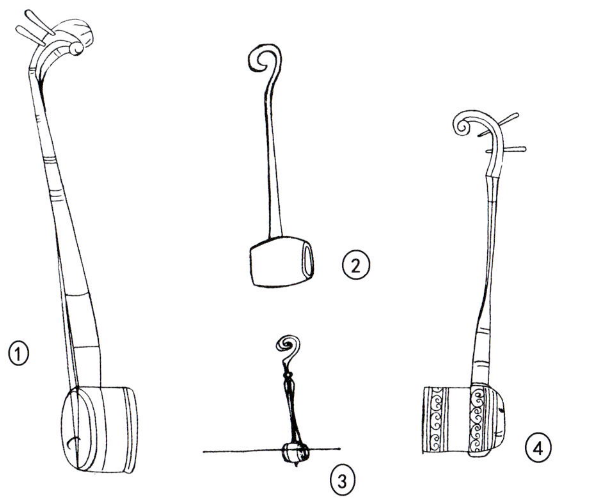

图13　榆林窟壁画中的胡琴（1、4见于第3窟，2、3见于第10窟）

他石窟寺是不多见的。

榆林窟壁画有反映古代科技成果的珍贵形象资料。第35窟炽盛光佛中表现黄道十二宫和七曜图，反映出古代对天象的认识；第25窟弥勒经变的耕种收获图，形象地反映了唐代农业生产场面。图中还表现了犁具、篓、镰刀、六齿杈、木柄长扫帚等农业生产工具；榆林窟第3窟千手千眼观音经变中绘有斧、锯、锛、墨斗、矩尺、铲、耙、锄、簸箕、木斗、木升、铁钳、铁锤、熨斗、剪刀等生产工具。同窟壁画中还有粮食加工的踏碓图（图14），使用时踏碓者手扶架杠，用足踏动杆板舂米，地上固定有能自由转动的轴木，当人踏动轴木上杆板时，轴木可随着杆板灵活转动，以提高舂米效力。同窟壁画中表现打铁的场面（图15），风箱前二工匠手执铁锤、铁钳在铁砧上锻铁，有竖式梯形双扇木风箱图，风箱上装有两个活动盖板，当推拉风箱时两活门交替开闭，扇动盖板来鼓风吹火，风箱之后的火炉在熊熊燃烧。反映了当时较为先进的鼓风技术。正是西夏先进的冷锻技术和鼓风技术，造就了历史上名噪一时的"天下第一"西夏宝剑。同窟壁画还绘有酿酒图（图16），图中灶台上安放一套层叠覆压的方形器皿，妇女在灶前添薪，炉膛内火焰炽烈，灶台顶部的烟囱冒烟，表现了正在酿酒的场面，画面灶台上这套层叠覆压的方形器皿是用于蒸馏的蒸馏器，是现存最早的烧酒蒸馏器图，被公认为古代世界科技史上有重要价值的形象资料。

榆林窟还保存了数量非常可观的西夏文、回鹘文及回鹘蒙文题记。其中在16个洞窟内保存有148行、800余字西夏文题记；在25个洞窟内保存有190多条、590余行回鹘文题记。如第29窟列男性供养人画像之首的"真义国师昔毕智海"像，是西夏王国出现最早用西夏文字书写、有确切姓名和封号的国师题名及画像。他是西夏王国弘扬华严宗诸法师当中名列首位的大师。同窟的"瓜州监军司" "沙州监军司"等的职官画像及其西夏文题记，为国内罕见的西夏监军司的珍贵资料。第15窟西夏文题记"南方阇普梅那国番天子国王大臣……"，"南方阇普"即南瞻部洲，而"梅那"指西夏王国主体民族"木雅"。这种以族称国仅见此一例。回鹘文题记中出现了河西藩王"高昌回鹘王和尚、安定卫宁王卜烟帖木尔"（蒙古人，为今甘肃裕固族"安"姓之祖先）等提名很值得关注。为我们提供了丰富而重要的已消逝王国的民族历史文化信息。第39窟、29窟及2、3、10诸窟现存约100余身回鹘和西夏供养人画像，他们鲜明而别具特色的人物形象、衣冠服饰和发式等，为已消失的民族文化提供了生动鲜活的形象资料。其中第29窟供养侍从的秃发像，给人们解读赵元昊于建国前夕所颁布的"秃发令"提供了翔实可靠的形象资料。

总之，瓜州榆林窟内容丰富，艺术精湛，具有重要的历史文化价值和艺术价值，且大部分洞窟保存完好，是中国中晚期佛教石窟寺壁画艺术的杰出代表。

图14　第3窟　踏碓图（线描临摹）

图15　第3窟　打铁图（线描临摹）

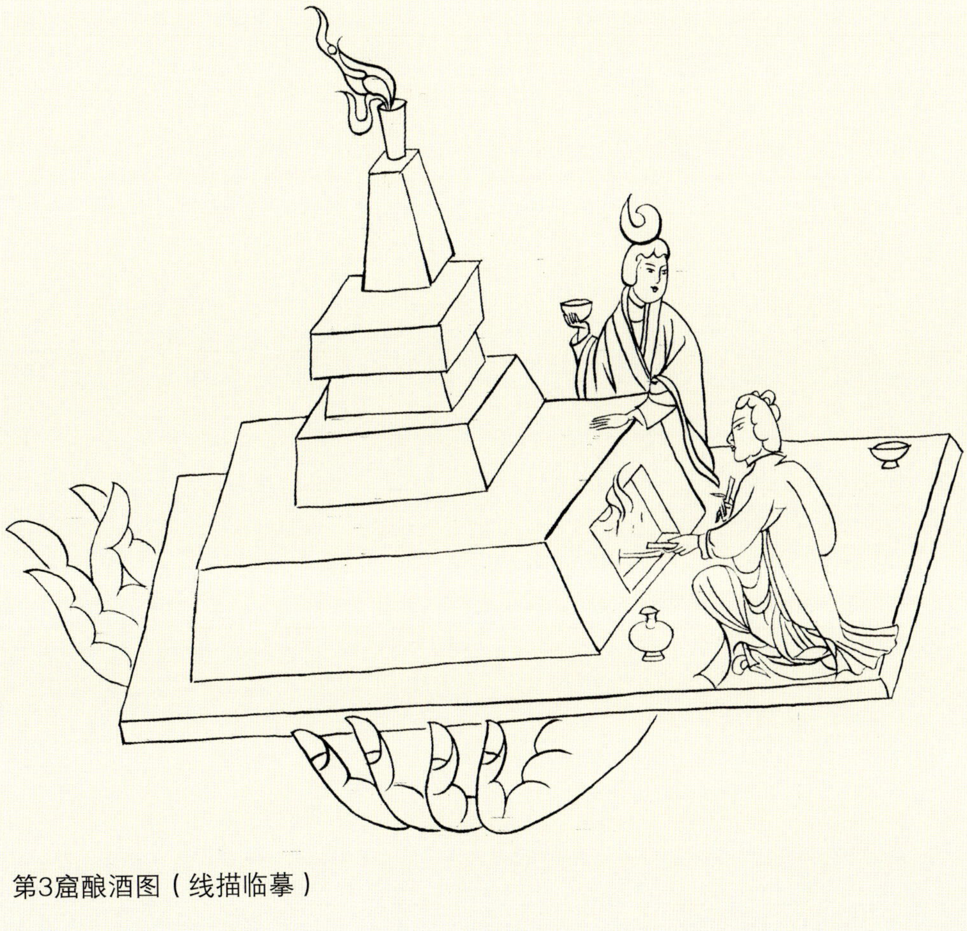

图16　第3窟酿酒图（线描临摹）

1. 第6窟　窟室内景及大佛　唐

Interior view and the large Buddha, Cave 6, Tang dynasty

唐前期洞窟，穹隆顶大像窟，窟身平面椭圆形，是榆林窟最大的洞窟，主室通高25.55米，宽18.5米，进深7.3米，正壁（东壁）塑24.7米高的倚座弥勒大佛，是榆林窟的第一大佛，佛像面相丰满，身躯雄健，气势恢宏，是唐代前期的造像。佛身的袈裟以及面部贴金均为清代嘉庆年间妆銮；背光、项光经宋代、西夏补绘。

2. 第28窟中心柱东向龛　坐佛　唐

Seated Buddha, east niche of the central pillar, Cave 28, Tang dynasty

佛结跏趺坐，比例适当，虽经后代重修，但其造型、姿态、坐势等仍然体现着初唐彩塑风格。佛像背后的壁画基本是唐代原作。

3. 第28窟中心柱东向面 菩萨与弟子 唐

Bodhisattva and disciples, east side of the central pillar, Cave 28, Tang dynasty

菩萨宝冠巍峨，双手合十，容貌娴雅。弟子手执如意，身披袈裟。菩萨和弟子形象均比例协调，体态自然，设色明亮。这些特征均与莫高窟初唐壁画风格一致。

4. 第28窟中心柱北向面　立佛　唐

Standing Buddha, north side of the central pillar, Cave 28, Tang dynasty

立佛左手握着袈裟一角置于胸前，右手自然下垂，两脚自然分开，造型古朴，比例适度，身体略显后仰地依壁站立在莲台之上。虽经后代重修重绘，但仍保持着初唐风范。

5. 第17窟窟室内景　唐

Interior view, Cave 17, Tang dynasty

第17窟是榆林窟现存的三个中心柱窟之一，保存有较完整的前室、甬道。前室为方形小室，顶部毁坏，四壁保存宋代壁画。主室中央设中心柱。中心柱四面各开一圆券形敞口大龛，龛内各存一身佛像，均为唐塑。壁画绝大多数经宋代至清代重绘，只有东向龛、南向龛内部分壁画为唐代原作。

6. 第17窟中心柱南向面　坐佛　唐

Seated Buddha, south side of the central pillar, Cave 17, Tang dynasty

佛像结跏趺坐，神情庄严，面部及衣纹造型写实，袈裟下沿从莲座上自然垂下。除袈裟的颜色经后来重妆，基本保持了唐代原作的风格。

7. 第17窟中心柱南向面　佛头像及项光　唐

Buddha’s head and halo, south side of the central pillar, Cave 17, Tang dynasty

佛的头光的中心为对凤纹，外沿为缠枝卷草纹，背光内层为卷草纹，外层火焰纹与卷草纹交织。这些纹样均以青绿色为主，色泽明快，是典型的初唐装饰风格。

8. 第17窟中心柱东向龛　立佛　唐

Standing Buddha, east niche of the central pillar, Cave 17, Tang dynasty

为唐代塑像，右臂经后代重修，其余部分大体保持了唐塑特征。佛像身着右袒式绛红色袈裟，衣纹流畅，右手自然下垂，左手抓衣领于胸前，双足自然分开站在莲台之上，身体健硕、造型朴实。

9. 第25窟窟室内景　中唐

Interior view, Cave 25, Middle Tang dynasty

第25窟为吐蕃占领瓜州（公元776—851年）时期建造。此窟为前后室，前室之前有进深较长的前甬道，前室平面横长方形，一面坡顶。主室为平面方形的覆斗顶窟，中央设方形佛坛，坛上仅存主尊佛像一身，其余彩塑已毁。前室门上残存毗沙门天王赴哪吒会，门南、北分别绘南方天王和北方天王。主室窟顶壁画大部分脱落，残留有千佛；正壁绘密宗八大菩萨曼荼罗经变；北壁绘弥勒经变；南壁绘观无量寿经变；西壁门两侧分别绘文殊变、普贤变。

10. 第25窟东壁　八大菩萨曼荼罗　中唐

Eight-bodhisattva mandala, east wall, Cave 25, Middle Tang dynasty

中央是主尊卢舍那佛，两侧各绘四身菩萨，但南侧已毁，仅剩北侧四身菩萨，包括地藏菩萨、虚空藏菩萨、文殊菩萨、弥勒菩萨。菩萨都坐在莲花座上，头束高髻，戴宝冠，卷发披肩，人体比例匀称，肩宽腰细，袒裸上身。此画以道劲流利的铁线描刻画形象，造型严谨，具有印度波罗王朝的绘画风格。八大菩萨曼荼罗在敦煌壁画中流行于晚唐五代，本铺壁画是同类题材中出现最早的。

12. 第25窟北壁　弥勒经变　中唐

Maitreya sutra illustrations, north wall, Cave 25, Middle Tang dynasty

弥勒经变壁画以弥勒三会为主体，组成“品”字形构图。正中的初会是画面的中心，龙华树下弥勒佛倚坐说法，法华林、大妙相菩萨左右对称而坐，天龙八部和听法圣众四周围绕。弥勒身后是碧绿的龙华树，上方是须弥山。前面有儴佉王出家的场面。画面下部两侧分别画弥勒三会中的第二会和第三会。画面四周分别画出弥勒经变中的相关故事，如弥勒在翅头末城降生、迦叶送袈裟、树上生衣、婚嫁图、一种七收、老人入墓等等。

11. 第25窟东壁　卢舍那佛　中唐

Vairocana, east wall, Cave 25, Middle Tang dynasty

卢舍那佛，菩萨装结跏趺坐于狮子莲花宝座上，斜披天衣，头束高髻，戴宝冠，双手作禅定印。八大菩萨曼荼罗通常是以卢舍那佛为主尊，周围分别绘观世音、金刚手、弥勒、虚空藏、普贤、文殊、除盖障、地藏等八位菩萨像。

13. 第25窟北壁　弥勒经变局部　中唐

Illustration of the Maitreya sutra (detail), north wall, Cave 25, Middle Tang dynasty

儴佉王把自己的镇国七宝台呈献给弥勒，弥勒又把它施舍给婆罗门。众婆罗门得到七宝台之后立即把它拆解，每人分割部分宝物。弥勒眼看如此美好的七宝台转眼间化为乌有，深悟人生无常，便在龙华树下修道成佛。儴佉王见证了弥勒成佛后，遂率领王公大臣、王后太子、宫女佣人等八万四千人纷纷发愿出家。画面右下表现的正是儴佉王“罄舍诸珍宝，祈心慕出家”的场面：弥勒佛前供奉着七宝，两侧有僧人正在为俗人剃度的场面。

14. 第25窟北壁　飞天　中唐

Apsara, north wall, Cave 25, Middle Tang dynasty

飞天手臂伸开，双手托举花蕾；右腿提膝，左腿蹬直，似乎是从下面提身而起，向上飞行的样子。

15. 第25窟北壁　弥勒经变　菩萨　中唐

Bodhisattvas from the Maitreya sutra illustration, north wall, Cave 25, Middle Tang dynasty

菩萨头戴宝冠，发髻高耸，项饰璎珞，臂戴臂钏，左手持花于胸前，右手自然平伸，坐于莲花座上。

16. 第25窟北壁　弥勒经变　马宝和兵宝　中唐

Treasured Horse and soldier from the Maitreya sutra illustration, north wall, Cave 25, Middle Tang dynasty

儴佉王为弥勒所献七宝包括：轮宝、象宝、马宝、珠宝、女宝、藏宝、兵宝。其中有一匹白马和全副武装的将军，他们即七宝中之马宝和兵宝。

17. 第25窟北壁　弥勒经变　剃度（之一）　中唐

Scene of tonsure (I) from the Maitreya sutra illustration, north wall, Cave 25, Middle Tang dynasty

身穿唐代俗装幞头靴袍的男剃度者：有侍立一旁等待剃度者，有正在剃度者，也有剃度后准备换穿袈裟者。剃度者面前跪坐的两人，双手端方盘，用以盛放剃度落下的头发。

18. 第25窟北壁　弥勒经变　剃度（之二）　中唐

Scene of tonsure (II) from the Maitreya sutra illustration, north wall, Cave 25, Middle Tang dynasty

比丘尼正在给一女性削发，前有一女性跪坐于前，端着方形器具，准备盛放剃度落下的头发，后面有一女性侍立。

19. 第25窟北壁　弥勒经变　剃度（之三）　中唐

Scene of tonsure (III) from the Maitreya sutra illustration, north wall, Cave 25, Middle Tang dynasty

僧人整齐列坐，静坐听法，案上放置着净瓶和即将穿戴的袈裟。

20. 第25窟北壁　弥勒经变　迦叶献袈裟　中唐

Scene of Kasyapa offering the kasaya from the Maitreya sutra illustration, north wall, Cave 25, Middle Tang dynasty

弥勒说法后率四众前往耆阇崛山，用双手劈开了此山，禅定了五百年的大迦叶苏醒了，从岩洞走出来，向弥勒行礼跪拜，双手献上了袈裟。袈裟是释迦牟尼临终前交给弟子大迦叶，让他交给未来佛弥勒的。画面左侧表现大迦叶在山间修禅。周围溪流淙淙，古树参天。

21. 第25窟北壁　弥勒经变　耕获图　中唐

Farming scene from the Maitreya sutra illustration, north wall, Cave 25, Middle Tang dynasty

一男子头戴斗笠，身穿长袍，双手扶犁，两头健壮的耕牛拉着犁前行。身后的一位妇女正往犁过的地里播撒种子。侧前方的一男子用镰刀收割庄稼。旁边一男子手持木叉正在扬场，一妇女正在用扫帚将粮食扫拢。画面充满了浓郁的生活气息。

22. 第25窟北壁　弥勒经变　婚嫁图　中唐

Wedding scene from the Maitreya sutra illustration, north wall, Cave 25, Middle Tang dynasty

佛经说："弥勒世界人寿八万四千岁，女子五百岁出嫁"，画面以婚嫁图来表现佛经内容。婚礼中一男子跪地向帐内的亲人礼拜，身边有几位吐蕃客人。唐代段成式在《酉阳杂俎》说："北朝婚礼，青布幔为屋，在门内外，谓之青庐，于此交拜。"画面与段成式记载吻合，说明北朝的婚礼风俗一直沿袭到了唐代。

23. 第25窟北壁　弥勒经变　老人入墓　中唐

Scene of the elder entering his grave from the Maitreya sutra illustration, north wall, Cave 25, Middle Tang

佛经说，“弥勒之世，人命将终，自然行诣冢间而死。”壁画描绘一座墓园，身穿白色长衫的老者坐在墓室入口，右手拄拐杖，左手拉着一位用手帕拭泪妇女的手，这位妇女身后还站着两位妇女，也表现出依依惜别的样子。墓园入口站着前来送别的亲人。

24. 第25窟北壁　弥勒经变　翅头末城　中唐

City of Ketumati from the Maitreya sutra illustration, north wall, Cave 25, Middle Tang

方形的城郭，可见两道城门，城门上各有一城楼，城垣拐角各有一角楼，护城河绕城一周。城内一座六角形的楼阁建筑内，一女性右臂支颐而卧，从天而降的一身菩萨乘彩云徐徐飞到阁楼前，这是弥勒观父母的情节。城外是弥勒佛率众回翅头末城，毛头罗刹双手合十跪在弥勒佛前行礼迎接，扫帚平放在身边；大力龙王飞升于空中，降祥雨迎接；城内另一位罗刹正在清扫道路。

25. 第25窟南壁　观无量寿经变　中唐

Illustration of the Amitayurbhavana-sutra, south wall, Cave 25, Middle Tang dynasty

经变画以雄伟壮观的宫殿楼阁来表现佛教的净土世界，两侧分别以条幅的形式画出未生怨和“十六观”。在净土世界图中，主尊无量寿佛结跏趺坐于莲花宝座上，观音和大势至菩萨分列两侧，圣众围绕，下部平台上的舞伎击鼓踏足，翩翩起舞，分列两侧的乐队分别演奏乐器。极乐净土世界殿宇巍峨、宝树成行、百鸟和鸣，七宝池环绕四周。

26. 第25窟南壁　观无量寿经变　菩萨　中唐

Bodhisattvas in the Amitayurbhavana-sutra illustration, south wall, Cave 25, Middle Tang dynasty

画面上部观音菩萨结跏趺坐于莲花宝座上，右手于胸前托举净瓶，左手自然伸到胸前，身后宝树摇曳；周围六身菩萨或双手端花、或持香炉、或支颐沉思，造型和神情各不相同。

27. 第25窟南壁　观无量寿经变　共命鸟和孔雀　中唐

Jīvajīvaka and Peacock in the Amitayurbhavana-sutra illustration, south wall, Cave 25, Middle Tang dynasty

共命鸟一身双头，双翅张开，两腿细长，体似仙鹤，正演奏琵琶；站在一边的孔雀亮翅回头，驻足观看，似乎被美妙的音乐所吸引而流连忘返。

28. 第25窟南壁　观无量寿经变　伎乐　中唐

Musician in the Amitayurbhavana-sutra illustration, south wall, Cave 25, Middle Tang dynasty

中央的舞伎击鼓踏足，翩翩起舞；分列两侧的乐队分别演奏着拍板、排箫、横笛、箫、琵琶、笙、筚篥、法螺等乐器；舞伎身边的迦陵频伽也手挥琵琶，神情专注。这种颇具规模的音乐演奏场面，反映了唐代宫廷音乐的盛况。

29. 第25窟南壁　观无量寿经变　未生怨　中唐

Story of King Bimbisāra and Ajātaśatru from the Amitayurbhavana-sutra illustration, south wall, Cave 25, Middle Tang dynasty

未生怨故事采用连环画的形式，顺序为自下而上，分别表现阿阇世王子兵变抓走国王、王后探监、王子欲弑母、王后礼佛、佛为王后讲述过去现在因缘等场面。倒数第二个画面描绘国王派人杀害山中修行者的场面，在敦煌同类题材的壁画中较少出现。

30. 第25窟南壁　观无量寿经变　十六观　中唐

The Sixteen Meditations from the Amitayurbhavana-sutra illustration, south wall, Cave 25, Middle Tang dynasty

十六观以条幅的形式画出，是佛向韦提希夫人指点摆脱尘世烦恼的途径，也是往生西方极乐世界的法门，具体指：日想观，水想观，地想观，树想观，池想观，总想观，华座观，像想观，佛身观，观观世音菩萨色身像，观大势至菩萨色身像，普想观，杂想观，上辈生想观，中辈生想观，下辈生想观。画面中由上而下顺序表现，最上部壁画残毁。

31. 第25窟南壁东侧　菩萨　中唐

Bodhisattva, east side of south wall, Cave 25, Middle Tang dynasty

菩萨跣足站立在莲台之上，身体略向左倾斜，肩宽腰细，头戴宝冠，胸饰璎珞，斜披天衣，飘带绕身，下身穿红色长裙，右手提净瓶自然下垂，左手伸于胸前，形象华美，表情肃穆。

32. 第25窟西壁北侧　文殊变　中唐

Illustration of Mañjuśrī, north side of west wall, Cave 25, Middle Tang dynasty

文殊菩萨手持如意，仪态雍容地坐在狮子宝座上。左右两身胁侍菩萨面含微笑，持幡随行；身后一身菩萨，神情宁静。狮子张口怒吼，狮头及狮腿上的狮毛都卷曲着，一副桀骜不驯的样子；牵狮的昆仑奴跨开双腿、双手使劲拽着缰绳，仍表现出力不从心的样子。画面中四身菩萨的平和宁静与狮子和昆仑奴愤怒紧张的神情形成对比。

33. 第25窟西壁南侧　普贤变　中唐

Illustration of Samantabhadra, south side of west wall, Cave 25, Middle Tang dynasty

普贤变与文殊变相对，普贤菩萨乘六牙白象。白象鼻子低垂，一副温顺的样子；驭象者高举笞杖，驱赶着慢条斯理的大象。文殊、普贤和释迦合称“华严三圣”，在造像中，作为释迦牟尼的胁侍菩萨，文殊和普贤常一左一右列坐于两侧，文殊专司智慧，表大智；普贤专司理德，表大行。

34. 第25窟前室东壁南侧　南方天王　中唐

Virudhaka (King of South), south side of east wall in the antechamber, Cave 25, Middle Tang dynasty

南方天王，音译为毗琉璃，意译为增长，是佛教中守护南方之天神。头戴头盔，身穿战袍，右手持剑，左手扬掌，跨步踩鬼，神情威武而庄重，身旁有夜叉、天女紧随左右。

35. 第25窟前室东壁北侧　多闻天王　中唐

Vaisravana (King of North), north side of east wall in the antechamber, Cave 25, Middle Tang dynasty

北方天王，音译为毗沙门，意译为多闻，是佛教中守护北方之天神。头戴宝冠，怒目圆睁，身着甲胄，左手托宝塔，右手持三叉戟，足踏夜叉鬼，身后侍从跟随。北方天王的侧后是随行护法的毗沙门天王的二太子，左手托宝珠，右手握宝鼠，头披大虫皮（虎皮），作虎口含头的样子。吐蕃人称虎皮为大虫皮，也叫波罗皮，用虎皮缝制的衣帽是吐蕃人表彰英雄的服装。

36. 第15窟前室东壁北侧上部　菩萨像　唐

Guardian warrior, upper part on the north side of east wall in the antechamber, Cave 15, Tang dynasty

菩萨头戴宝冠，项饰璎珞，上身斜披天衣，下身穿长裙，左手托宝瓶，身体微侧向左，欲行欲止。身材修长，衣纹线条流畅，造型优美。

37. 第15窟前室东壁南侧上部　菩萨像　唐

Guardian warrior, Upper part on the south side of east wall in the antechamber, Cave 15, Tang dynasty

菩萨头戴宝冠，项饰璎珞，臂戴臂钏，长巾飘垂，右手持莲蕾于胸前，双足站在莲台之上，身形健壮。

38. 第15窟前室东壁南侧　地藏菩萨　唐

Ksitigarbha bodhisattva, south side of east wall in the antechamber, Cave 15, Tang dynasty

地藏菩萨为男性僧人形象，身披袈裟，右手拈宝珠，可知为宝珠地藏，是饿鬼道的救主。从地藏的身上引出六朵彩云，每朵彩云上站立着一位六道中的形象，以此象征六道轮回。佛经记载，地藏菩萨受释迦牟尼佛的嘱托，在释迦牟尼佛灭度之后、弥勒佛降生之前的无佛之世留驻人间，守护佛法、救度众生。地藏菩萨辗转奔波于地狱、饿鬼、畜生、阿修罗、人间和天上六道间，救度众生。

39. 第15窟前室南壁　天王　唐

Heavenly King, south wall in the antechamber, Cave 15, Tang dynasty

南方增长天王戴头盔，身着甲胄，身体健壮结实，表情温和，双手持箭，弓弩挎在左臂上，似乎正欲弯弓搭箭。脚下的两只小鬼因忍受不了身上的负荷面露痛苦挣扎之色。天王身后的夜叉兽面人身，身体裸露，龇牙咧嘴而獠牙外露，头发蓬松卷曲而向后飘散，左手举于额前作遮挡瞭望状，右手于胸前抱箭镞，整个身体肤色呈火焰色，头发也是火红色。

40. 第15窟前室北壁　天王　唐

Heavenly King, north wall in the antechamber, Cave 15, Tang dynasty

天王赤裸上身，不着甲胄，身饰璎珞，头冠高耸，发披两肩，双目圆睁，面相威严，右手持棒，左手握着一只口含宝珠的貂鼠，坐于金刚宝座上。多闻天王的信仰在古代敦煌、于阗以及中亚一带十分流行。藏传佛教中多闻天王的标志为吐宝兽或猫鼬（俗称黄鼠狼），常常手持三叉戟或宝瓶。壁画中多闻天王手中的持物为鼠，显然是受到吐蕃文化的影响。

41. 第15窟前室顶北侧　飞天　唐

Apasara, north slope of the ceiling in the antechamber, Cave 15, Tang dynasty

飞天神情悠然，飘带舒卷，随风上扬，表明飞行速度较慢。飞天一手执箜篌，一手抚弹。这个箜篌是非常独特的凤头箜篌，也叫独弦琴。

42. 第12窟南壁　慕容归盈出行图　五代

Outing scene of Murong Guiying, south wall, Cave 12, Five dynasties

43. 第12窟南壁　慕容归盈出行图（局部）　五代
Outing scene of Murong Guiying (detail), south wall,
Cave 12, Five dynasties

44. 第12窟南壁　慕容归盈出行图（局部）　五代

Outing scene of Murong Guiying (detail), south wall, Cave 12, Five dynasties

慕容归盈出行图位于主室南壁下部到西壁南侧。壁画已漫漶不清，题记和画面细节很难辨认。出行图中的人物大多穿圆领袍衫，头戴展脚幞头。先导持大旌、执戈握矛，乐伎、舞者紧随其后，侍臣、僚从列队行进，人物众多。与之相对的主室北壁下部是慕容归盈夫人曹氏出行图。从构图上看，慕容归盈夫妇出行图显然是模仿莫高窟第156窟张议潮夫妇出行图和莫高窟第100窟曹议金夫妇出行图，而张议潮和曹议金都是归义军节度使的身份，慕容归盈只是瓜州刺史的身份，所以出行图规模也小得多。

45. 第16窟主室甬道南壁　曹议金供养像　五代

Portrait of Cao Yijin, south wall of the corridor, Cave 16, Five dynasties

曹议金供养人画像高达1.67米，几乎与真人等高，这是五代时期供养人画像的一大特点。曹议金身穿绛色宽袖长袍，头戴直角幞头，双手端香炉，恭敬地面佛而立。身边的榜题题写“敕归义军节度使检校太师兼托西大王谯郡开国公曹议金一心供养”，曹议金的身后有二侍从持宝刀、弓箭和箭囊。

46. 第16窟主室甬道北壁　曹议金夫人供养像　五代

Portrait of Cao Yijin's wife, north wall of the corridor, Cave 16, Five dynasties

曹议金的夫人为甘州回鹘夫人，像高1.66米。夫人的服装为典型的回鹘女装：身穿紧袖翻领长袍，头戴桃形凤冠，冠上装饰步摇，面贴花钿。她双手合拢于胸前抱香炉，面向佛像虔诚供养。榜题书写“北方大回鹘国圣天公主陇西李氏一心供养”，身后有三身侍女跟随，或持镜，或执扇，或拿行装。

48. 第16窟主室东壁　劳度叉斗圣变（局部）　五代

Illustration of the contest between Śāriputra and Raudraksa (detail), east wall in the main chamber, Cave 16, Five dynasties

劳度叉坐在高台之上，左手拈胡须，右手抚膝，面对混乱的局面而强作镇定。画面表现“风树之斗”后，劳度叉的宝座被吹得摇摇欲坠，帷帐顶部被风撕扯得七零八落，外道徒们有的打桩拉绳，有的攀梯支帐，有的扶杆系绳，东奔西跑，不知所措，外道魔女也被风吹得脂粉失色，非常狼狈。

47. 第16窟主室东壁　劳度叉斗圣变（局部）　五代

Illustration of the contest between Śāriputra and Raudraksa (detail), east wall in the main chamber, Cave 16, Five dynasties

舍利弗沉着安详，坐在莲台之上，右手平伸于膝盖上、左手竖立于胸前；上部有菩提宝盖，两侧有飞天悠然飞翔。表现出舍利弗与外道斗法时的自信。

49. 第16窟前室西壁南侧　梵天赴会图　五代

Brahma on the way for Buddhist preaching, south side of west wall in the antechamber, Cave 16, Five dynasties

梵天头戴宝冠，璎珞饰身，右手持扇。梵天的左侧是引路菩萨小心地托着梵天的胳膊，右侧有侍从双手提着梵天的飘带。吉祥天女在前方引导，供养菩萨双手托一个大香炉顶在头顶行走在中间。画面上方的三身飞天分别吹奏着横笛、竖笛、笙，乘五彩祥云徐徐而来。

50. 第16窟前室西壁北侧　天女　五代

Apsara, north side of west wall in the antechamber, Cave 16, Five dynasties

天女着宽袍大袖，发髻饰花蔓，双手持香炉，回眸顾盼，显得单纯稚气。

51. 第19窟主室甬道南壁　曹元忠及子延禄供养像　五代

Portraits of Cao Yuanzhong and his son Cao Yanlu, south wall of the corridor, Cave 19, Five dynasties

曹元忠画像高1.73米，头戴展脚幞头，身穿宽袖圆领长袍，双手持香炉，身旁榜题书写："推诚奉国保塞功臣敕归义军节度特进检校太师兼中书令谯郡开国公曹元忠一心供养"。身后一身小的男像，书写"男将仕郎延禄"，是曹元忠的儿子曹延禄。曹元忠是曹议金的三儿子，他的兄长元德大约在公元940年去世，元忠便开始执掌归义军政权，先为归义军节度留后，公元944年正式任归义军的节度使。公元955年朝廷正式敕封为沙州节度使，检校太尉同平章事。公元962年，他自称"推诚奉国保塞功臣"，也得到了朝廷的承认。

52. 第19窟主室甬道北壁　凉国夫人及长女延鼐供养像　五代

Portraits of Lady of the Dukedom of Liang and her eldest daughter Cao Yanding, north wall of the corridor, Five dynasties

凉国夫人翟氏的画像高1.75米，位于甬道北壁，与曹元忠像南北对称，榜题书写“敕受凉国夫人浔阳郡翟氏一心供养”，身后一身小的女像，榜题书写“长女小娘子延鼐一心供养”，是曹元忠的大女儿曹延鼐的画像。凉国夫人的装扮非常华贵，身穿大袖襦裙，衣服外披帔帛，头戴凤冠，发插步摇，面贴花钿，两鬓包面。凉国夫人服饰的颜色与曹元忠相同，这是遵从了古代社会“妇人之衣从夫色”的礼仪规定。

53. 第19窟西壁南侧　文殊变　五代

Illustration of Mañjuśrī, south side of west wall, Cave 19, Five dynasties

文殊菩萨头戴宝冠，乘青狮。于阗国王在旁为之牵狮，前有伎乐演奏音乐，两旁众多菩萨、天人侍从。画面上部画山水景物，其中有寺院与人物，表现文殊菩萨的道场——五台山景色。这是中唐以来的所谓“新样文殊”的特征。

54. 第19窟西壁南侧　文殊变中五台山图（部分）　五代

Mountain Wutai in the Illustration of Mañjuśrī (detail), south side of west wall, Cave 19, Five dynasties

五台山是文殊菩萨的道场，壁画中五台山中有寺院和僧人、信众等，还有佛头化现、佛足化现、佛手化现、金桥化现、金钟化现等内容。图中还画出一白衣老人拄杖而行，前有一僧人合十礼拜，这是表现印度高僧佛陀波利在五台山见文殊菩萨化现老人的故事。这些内容均与莫高窟第61窟五台山图中一致，反映了这一时期文殊和五台山信仰在敦煌、瓜州一带的流行。

55. 第19窟前室甬道南壁　六道轮回图　五代

Picture of six ways of samsara, south wall of the corridor to the antechamber, Cave 19, Five dynasties

佛教讲"因果报应""转世轮回"，认为众生因生前的业因差别，在今生的轮回中会处于天道、人道、阿修罗道、畜生道、饿鬼道、地狱道中的某一道。画面上部是无常大鬼用强有力的双手紧抱着生死轮旋转。轮回图共有五重轮：最内圈的第一重轮残存一女性形象，代表着三毒中贪（欲）、嗔（恶）、痴（愚）中的某一种。第二重轮残存的是畜生道、饿鬼道和人道、天道等情节。第三重轮绘制的是人趣、天趣、旁生趣等情节。第四重轮为瓦轮形：一骆驼从瓦轮口伸出头，这种形象代表生；一牛从瓦轮中伸出脚，这种形象代表着死。第五重轮表达"无明、行、识、名色、六入、触、受、爱、取、有、生老病死、忧悲苦恼"等十二支。

56. 第19窟前室甬道北壁　目连变相　五代

Illustration of Maha Moggallana, north side of the corridor to the antechamber, Cave 19, Five dynasties

佛经记载：目连的母亲青提夫人，家中甚富，然而吝啬贪婪，从不修善，也不信佛，但儿子十分孝顺、极有道心。母死后被打入地狱，受尽苦刑。目连为了救母而出家修行，得了神通，到地狱中见到了母亲。因母亲生前罪孽颇多，终不能走出饿鬼道，目连向佛祈求。佛告诉目连应于七月十五日建盂兰盆会，借十方僧众之力让母吃饱。目连按佛所嘱而行，母亲得以转入人世，生变为狗。目连又诵了七天七夜的经，使母亲脱离狗身，进入天堂。

57. 第19窟前室甬道北壁　目连变相（局部之一）　五代

Illustration of Maha Moggallana(I), north side of the corridor to the antechamber, Cave 19, Five dynasties

方形的墓园三面闭合，一面开口，墙体似为夯土版筑，墓园中间起坟墓。坟前两侧各站一人。这是表现目连父母双亡的情节。墓园入口一侧，束茅草而结庐，庐内一人作写经状。这是目连为父母守孝的情节。

58. 第19窟前室甬道北壁　目连变相（局部之二）　五代

Illustration of Maha Moggallana(II), north side of the corridor to the antechamber, Cave 19, Five dynasties

一座城市，城墙版筑。城中有宫殿，宫殿中坐着一人，象征天宫。城外树木掩映，护城河环绕。城内宫殿与城门楼之间，两人对面而立，作问答状，一人披帽、着袈裟，一人俗装。这是目连投佛出家后，到天宫寻父，并打听母亲下落的情节。

59. 第19窟前室甬道北壁　目连变相（局部之三）　五代

Illustration of Maha Moggallana(III), north side of the corridor to the antechamber, Cave 19, Five dynasties

四个鬼卒舞刀使棒，正在驱赶八个亡人。一位俗装男子隔门远望，与行走在前面作回望状的女鬼目光相迎。女鬼无枷锁，其余亡人大多戴枷锁。这一画面表现的是目连父母双双辞世，因业力不同，父生天上，母下地狱。俗装男即为其父，无枷女即为其母。

60. 第19窟前室甬道北壁　目连变相（局部之四）　五代

Illustration of Maha Moggallana(IV), north side of the corridor to the antechamber, Cave 19, Five dynasties

大城内一大殿，阎罗王当中而坐，左右善恶二童子侍立，地藏菩萨侧身坐一侧。殿前立两人，一人官人装束，一人沙门装束（即目连）。城门外两侧各侍立一武士，门内一门官引导戴枷锁男女入城。城中业镜高悬，鬼卒正在锯解用刑。这是目连到冥间探母的情节。

61. 第19窟前室甬道北壁　目连变相（局部之五）　五代

Illustration of Maha Moggallana (V), north side of the corridor to the antechamber, Cave 19, Five dynasties

河边树木上挂着衣服，牛头鬼卒驱赶着戴枷锁亡者，亡者正在涉水渡河，回头张望。这是目连行至奈何桥所见。佛经说："见无数罪人，脱衣挂在树上，大哭数声，欲过不过，回回惶惶，五五三三，抱头啼哭。"

63. 第32窟　窟室内景　五代

Interior view, Cave 32, Five dynasties

本窟位于榆林河西崖南端，是五代时期开凿的一个中型洞窟，洞窟形制为覆斗形殿堂窟，中央设佛坛，佛坛上现存趺坐佛一身，经后代重修。前室坍塌不存，只残存少量的壁画。主室窟顶四披绘千佛、飞天，四角分别画月光明如来、日光明如来、婆薮仙及北方天王。西壁（正壁）画梵网经变，南壁画劳度叉斗圣变，北壁画维摩诘经变，东壁门南画文殊变，门北画普贤变。南北壁下部曾被分别凿一洞，作为洞窟间的通道。

62. 第31窟中心佛坛南侧　菩萨像　五代

Bodhisattva, south side of the central altar of Cave 31, Five dynasties

菩萨头部已毁，上身斜披天衣，下身穿裙，裙裾自然下垂到莲座上。造型写实，比例和谐，体现着唐塑遗风。残损的腿部和手臂露出木头和柴草，可以了解古代塑像制作工艺及材质。

64. 第32窟西壁　梵网经变（局部）　五代

Illustration of the Brahmajala-sutra (detail), west wall, Cave 32, Five dynasties

《梵网经》是大乘佛教戒律方面的重要经典，表现卢舍那佛所说的“十重戒”和“四十八轻戒”。画面表现的是卢舍那佛宣讲佛教戒律（菩萨心地戒品）时，前来听法的菩萨、金刚、比丘、比丘尼、国王、王子、梵天、天王、帝释、僧众、帝王、日月天子、贫困老幼和禽兽六畜等场面。画面上部表现见病施医、不以刀伤身等各种遵守戒律的场面。通过不同的服饰、形象、人物所处位置、人物组合规模等来表现不同的听法群体和身份。

65. 第32窟西壁　梵网经变（局部）　五代

Illustration of the Brahmajala-sutra (detail), west wall, Cave 32, Five dynasties

左侧一位身披袈裟的比丘坐在高高的长凳上，右手举着斧子正在砍自己的右腿，膝盖以下的右腿赤裸着，鲜血喷涌而出。僧人面前蹲着一人，双手端着一个盘子。这是僧人犯了十重戒的第六戒后，自己惩罚自己的场面。右侧画一犯戒僧人正在用刀割自己的胳膊；侧面有一只小狗竖长了耳朵，还有一头牛驻足而立，它们都在听法。通过这些因犯戒而受罚的场面，来强调佛经中所说的各种戒律。

66. 第32窟西壁　梵网经变中央　卢舍那佛　五代

Vairocana Buddha in the center of the Brahmajala-sutra illustration, west wall, Cave 32, Five dynasties

卢舍那佛居中说法，四周圣众围绕，佛头上方云朵中和莲座花瓣上出现化佛，就是卢舍那佛化现的千佛。这也是梵网经变的主要特征之一。

67. 第32窟北壁　维摩诘经变　五代

Illustration of the Vimalakirti-sutra, north wall, Cave 32, Five dynasties

经变表现维摩诘与文殊菩萨辩论的场面。左侧为维摩诘，右侧为文殊菩萨，中央为维摩诘幻化出的妙喜世界。形成以佛国世界为中心的对称构图。维摩诘坐于宝帐内，头裹软巾，手执麈尾，身子微微前倾，正与文殊菩萨辩法。宝帐上方飘来的就是须弥灯王所借的狮子座。宝帐前方绘天女散花。舍利弗前方有菩萨持钵而来，带来香饭。上方画阿难乞乳，远处有妇人挤乳的情节。侧上方绘方便品：表现维摩诘往来于酒肆、青楼、博弈等场所教化众生。

68. 第32窟北壁　维摩诘经变　对弈图　五代

Scene of chess playing from the Vimalakirti sutra illustration, north wall, Cave 32, Five dynasties

两位棋手对面而坐，其中一人举棋思索，另一人专心致志地观察棋局；旁边一人，头戴白色毡笠，坐在一旁观棋，此人就是维摩诘，这是维摩诘前往博弈场所进行教化的情景。从棋盘看，类似现在的围棋，不过它的棋盘是长方形的，长16格、宽11格。现在的围棋是正方形的棋盘，长宽都是19格。但也可能是画家象征性地画出棋盘，并不是完全写实。

69. 第32窟东壁北侧　普贤变　五代

Illustration of Samantabhadra, north side of east wall, Cave 32, Five dynasties

普贤菩萨头戴化佛冠，右手放右膝上，左手举莲杯，游戏坐姿坐在大象背上。大象回头驻足，被祥云托起。两侧的侍从持幡，音乐供养，在云间行进。背景中有山峦、河流、房屋、寺院及过往的人物，还有毗沙门天王决海、阿育王造塔、于阗牛头山及大佛寺等圣迹图。

70. 第32窟东壁北侧　普贤变　毗沙门天王决海　五代

Scene of Vaisravana controlling the flood from the illustration of Samantabhadra, north side of east wall, Cave 32, Five dynasties

大海的一侧，一身比丘执锡杖，一身天王持长枪，正在刺向海底。这是表现舍利弗和毗沙门天王决海的故事。传说在很久以前，于阗国人不闻三宝、不敬佛法，因而触怒了信仰佛教的龙族：龙王引东海之水淹没于阗国，城邑淹没，生灵涂炭。释迦牟尼佛心生悲悯，即率领弟子来到被海水淹没的城邑，命弟子舍利弗和毗沙门天王用锡杖和长枪刺穿湖底，尽泄海水，被淹没的土地又露出来。此后，于阗人民便皈依了佛门。

71. 第32窟窟顶东南隅　月光明如来　五代

Tathagata Jewel Moonlight, southeast corner of ceiling, Cave 32, Five dynasties

月光明如来坐在五天鹅莲花座上，右手抚膝，左手持杖，杖端有一弯上弦月。同窟窟顶东北角的日光如来与之遥相呼应。

72. 第33窟北壁西侧　降魔变　五代

Defeating Mara, west side of north wall, Cave 33, Five dynasties

佛经记载，释迦牟尼成佛之前，魔王波旬非常害怕，就率领魔军、魔子、魔女等部下进攻释迦牟尼。但事与愿违，佛最终战胜了魔王。画面中释迦牟尼佛端坐中央，周围的魔军形象怪异，牛头马面，持各种武器，来势汹汹。周围熊熊大火，更增加了画面的紧张感。佛的庄严、沉着与周围魔军的骚动、不安形成强烈对比。

73. 第33窟南壁西侧　佛教史迹画　五代

Buddhist historical paintings, west side of south wall, Cave 33, Five dynasties

佛教史迹画包括佛教历史故事、传说故事和佛教圣迹、瑞像图等内容。本窟的佛教史迹画以于阗牛头山佛寺为中心，左右两侧绘制了刘萨诃瑞像、优填王造檀木瑞像、尼波罗水火池、毗沙门天王决海、施宝瑞像、双头瑞像、一手遮天、纯陀故井等，画面下部的两侧各有四身瑞像，再下面另起一排通排画十几身瑞像图。这些内容，几乎囊括了唐、五代以来敦煌石窟中出现的所有佛教史迹画。

74. 第33窟南壁西侧　佛教史迹画　于阗牛头山佛殿　五代

Temple on the Ox-headed Mountain in Khotan from Buddhist historical paintings, west side of south wall, Cave 33, Five dynasties

佛寺的下部有一牛头，从牛口中生出带栏杆的梯子，直通佛寺。梯子上有几身伎乐。梯子侧面有狮子、狮奴、神王和夜叉等前来瞻仰佛寺。牛头山佛寺的大殿内有一尊佛，两侧各有一身菩萨，殿内还有弟子和僧人。佛殿前有四身乘彩云飘到佛殿前的菩萨。佛殿两侧的上方是骑狮子的文殊菩萨和骑大象的普贤菩萨，携带眷属前来赴会。

75. 第33窟东壁门上　地狱变　五代

Illustration of the hell, above the entrance in east wall, Cave 33, Five dynasties

画面中央，地藏菩萨作僧人像，身披袈裟，手持锡杖，坐在莲台上。左右两侧各有一人，分别拿铁札、令牌，记录亡灵的罪恶、福报等诸业。北侧的冥王着盔甲，指挥二小鬼用刑。上部有一面大镜子，是验证亡者生前善恶的法器。侧面有用于行刑的汤镬。画面右侧，冥王头戴冕旒，案前男女手捧供物。上部的小鬼正在驱赶亡灵，作恶者被赶进了“铁围城”受酷刑，从善者被菩萨引导入人道。

76. 第35窟北壁　文殊变（局部）　五代

Illustration of Mañjuśrī (detail), north wall, Cave 35, Five dynasties

文殊菩萨骑狮子，神情自若。八身骑狮子的菩萨围绕周围，他们是文殊菩萨的化身。文殊菩萨前方的左右两侧，各有十身菩萨一字排开，前部还有一组乐队演奏着乐器。文殊菩萨后面的一组人物以帝释、梵天为中心，前有昆仑奴头顶香炉导引，左右有天、龙、夜叉等八部众持刀、旗护卫环绕。整个画面人物众多，秩序井然。

78. 第38窟主室内景　宋

Interior view, Cave 38, Song dynasty

本窟是归义军晚期（宋代）洞窟。主室为覆斗形顶，中央设佛坛，坛上清塑虫王一铺九身。西壁弥勒经变，南壁天请问经变、药师经变和密教说法图各一铺，北壁思益梵天问经变、观无量寿经变和密教说法图各一铺，东壁五佛和龙王赴会，窟顶藻井为团龙、四披画伎乐天、日天、月天和千佛。主室甬道两壁分别画男女供养人像。

77. 第35窟东壁北侧　五智如来曼荼罗　五代

Mandala of five Dhyani Buddhas, north side of east wall, Cave 35, Five dynasties

五智如来曼荼罗，为密教金刚界曼荼罗，或称金刚界五佛。居中为大日如来，左下方是阿閦如来，代表大圆镜智，为东方如来；右下方是南方如来宝生佛，代表平等性智；右上方是阿弥陀如来，是西方极乐世界之主，代表妙观察智；左上方是不空成就如来，是北方世界之主。佛教认为供奉、修行五智如来还能净化贪、嗔、痴、慢、疑五毒，并能成就息、增、怀、诛四种事业，从而达到消灾、增幅、益智、聚财、延寿、降魔除障等功德。

79. 第38窟前室内景　宋

Interior view, antechamber of Cave 38, Song dynasty

前室为一面坡顶，窟顶五代画千手千眼观音变和千佛；东壁门南画赴会佛、观音普门品和男供养人，门北画赴会佛、地藏十王厅和女供养人；南壁画观音变；西壁门南北分别画南方天王和北方天王和供养人等；北壁画地藏与十王厅。图中为前室北侧。其中塑像为清代所塑。

80. 第38窟西壁北侧　弥勒经变中　婚嫁图　宋

Wedding ceremony from the Maitreya sutra illustration, north side of west wall, Cave 38, Song dynasty

此为弥勒经变中的画面，人字形顶的青庐内，男女嘉宾分列两排面对面而坐，青炉前围一帷墙，内铺地毯，是婚礼中交拜的场所。院子里，用三脚架撑起一只大圆镜，为陪嫁品；还有一人翩翩起舞，对面一人驻足观看；此外，还有一对游走的大雁，象征着对爱情、婚姻的忠贞。

81. 第38窟西壁北侧　舞伎　宋

Dancing musician, north side of west wall, Cave 38, Song dynasty

一穿长衫男性，手挥长袖翩翩起舞。表现的是婚宴中的舞乐。

82. 第38窟北壁东侧　净土曼荼罗　宋

Pure land mandala, east side of north wall, Cave 38, Song dynasty

佛居中坐在五狮装饰的须弥座上，上有菩提宝盖，下有净水池，池中两身莲花童子，胡跪在莲花上。画面上部绘日天和月天，佛左右对称地坐着十四身菩萨，下端的左右角各一身护法金刚，一身手拿羂索，一身手执宝杖。各身菩萨分别坐在净水池中长出的莲花上。通常水池象征着阿弥陀净土，推测此铺曼荼罗是净土曼荼罗。

84. 第38窟东壁北侧　龙王礼佛图　宋

Dragon King worshipping the Buddha, north side of east wall, Cave 38, Song dynasty

龙王头戴宝冠、项饰璎珞，飘带绕身，下半身在海水中，手捧宝瓶或香炉做供养状。背景画出远山和大海，龙王及眷属下半身都在海水中，水中莲花盛开，岸边山势雄奇。山水的画法仍为青绿山水，大片的海水以石绿色染出，山峦则以赭石与石绿相间，墨线勾勒中体现出皴擦的笔法。

83. 第38窟南壁东侧　说法图　宋

Preaching scene, east side of south wall, Cave 38, Song dynasty

此图构图与北壁东侧净土曼荼罗非常相似。只是主尊作菩萨装，头戴宝冠，斜披天衣，胸饰璎珞，双手作禅定印结跏趺坐于莲花宝座上。

86. 第14窟窟顶　藻井图案　宋

Ceiling design, Cave 14, Song dynasty

藻井中心已残损，当初应是莲花纹。由中心向外，分别绘有联珠纹、垂幔纹、回纹、半团花、垂角纹、垂铃纹等。同一纹样往往交替运用，层层叠进，显得十分丰富。色彩上以石绿为主，配合土红、白、黑等色，明亮而雅致。

85. 第21窟东壁　佛背光图案　宋

Body halo of the Buddha, east wall, Cave 21, Song dynasty

曹氏归义军时期的洞窟，通常中心佛坛距后壁较近，后壁的佛光是配合佛坛上的主尊佛像而绘制的。佛光上部为圆形的头光（也称“项光”），中心为莲花，其外侧有卷草纹、联珠纹、火焰纹。佛光的主要部分也称背光，呈椭圆形，中央为莲花火焰纹，向外依次为联珠纹、卷草纹、火焰纹。佛光下部绘出莲座。佛光图案以石绿色为主，配合土红与白色，显得清新淡雅。

87. 第15窟东壁　背光图案　宋
Halo patterns, east wall, Cave 15, Song dynasty

上部头光部分残毁，椭圆形背光大部保存下来。背光中央为莲花宝珠纹，其外分别绘联珠纹、半团花纹、桃形折带纹、火焰纹等等。下部画出莲花座。

88. 第15窟东壁　佛弟子　宋

Buddha's disciples, east wall, Cave 15, Song dynasty

佛弟子面容清俊，身披袈裟，双手持一展开的经卷。脚穿圆口鞋，站在莲花之上，表现出一位青年高僧形象。

89. 第15窟甬道南壁　地藏菩萨　宋

Ksitighabha bodhisattva, south wall of the corridor, Cave 15, Song dynasty

地藏菩萨结跏趺坐于莲台上，头戴风帽，项饰璎珞，身披袈裟。目光炯炯，注视前方。左手执锡杖于胸前。从背光中又放射出六道光芒，分别象征佛教所谓“六道”的景象。

90. 第39窟东壁北侧　儒童本生　回鹘
Sudhana Jataka, north side of east wall, Cave 39, Uighur

91. 第39窟东壁南侧　儒童本生　回鹘

Sudhana Jataka, south side of east wall, Cave 39, Uighur

东壁窟门两侧，各有一铺儒童本生，构图基本一致，相互对称：定光佛位于中央，两侧各有一胁侍菩萨。门北画面中童跪在右下部，长长的头发铺在地上，定光佛踩在他的头发上。门南的儒童位置正好相反。壁画变色、褪色严重，线条不易看出，但整体形象完整，规模宏大。第39窟两铺儒童本生的风格和构成与吐鲁番柏孜克里克石窟中同一题材壁画完全一致，体现出浓郁的回鹘风格。

92. 第39窟北壁　罗汉　回鹘

Arhat, north wall, Cave 39, Uighur

罗汉着田相袈裟，半侧身倚坐，双手持杖于胸前，似在凝神静气地修炼。一小沙弥双手举宝瓶侍立一侧。罗汉身后山峦起伏，环境幽深。

93. 第39窟北壁　罗汉　回鹘

Arhat, north wall, Cave 39, Uighur

罗汉身着宽袖田相衣而坐，左手持梵夹（象征佛经）于胸前，正在修行。面前侍立一身小沙弥，持钵供养。身后山峦险峻，树木茂盛，鲜花盛开。

94. 第39窟南壁　罗汉　回鹘
Arhat, south wall, Cave 39, Uighur

罗汉着袈裟，偏袒右肩，右手扬掌，左手抚膝，目光炯炯有神，显示出得道高僧的风采。罗汉头光的上部冒出三朵云气，也表明罗汉道行之深。

96. 第39窟前室甬道南壁　男供养人　回鹘

Male donor figures, south wall of the corridor to the antechamber, Cave 39, Uighur

第一身面相丰圆，头戴回鹘民族特有的山形冠，身穿圆领窄袖团花长袍，腰束软、硬二带，上挂解结坠、短刀、打火石等“鞊韄七事”，下穿毡靴，双手执供器，身后一侍从，手握长杖，形体比主人低小许多。第二身供养人服装与第一身相似，只是所穿长袍为绿色四瓣花锦袍，手捧香炉，身后也跟随一侍从。

95. 第39窟主室甬道北壁　千手观音　回鹘

Thousand-armed Avalokiteśvara, north wall of the corridor to the main chamber, Cave 39, Uighur

千手观音是密教观音像，每一只手上有一只眼，也称千手千眼观音。壁画中观音头戴化佛冠，千手呈对称状排列，前面有三十多只手皆持器物，后面的手分布呈圆盘状。观音所持器物有锡杖、摩尼宝珠，化佛、宫殿、净瓶、羂索、宝珠、骷髅、法螺、梵夹等。观音上部两侧有两身飞天散花供养。下部左侧是功德天，作贵妇人形；右侧是婆薮仙，作婆罗门老人形。

97. 第39窟前室甬道北壁　女供养人　回鹘

Female donor figures, north wall of the corridor to the antechamber, Cave 39, Uighur

第一身供养人为回鹘装，头戴博鬓冠，总发为桃形髻，上插金钗步摇，身穿翻领窄袖长袍，内着绿色圆领内衣。第二身供养人着汉装，头戴凤冠，身着圆领长袍。第三身供养人着汉式交领大袖裙襦，其身前的汉文题记尚可辨认：“清信弟子石会□一心供养”。

98. 第29窟东壁北侧　药师经变　西夏

Illustration of the Bhaiṣajyaguru sutra, north side of east wall, Cave 29, Western Xia

上部绘三间大殿，药师琉璃光佛居中央大殿，左右两侧殿内分别是日光菩萨和月光菩萨，中央有净水池，池中莲花盛开。

99. 第29窟东壁北侧　菩萨　西夏

Bodhisattva, north side of east wall, Cave 29, Western Xia

为药师佛的左胁侍日光遍照菩萨。菩萨身披袈裟，右手持莲蕾，头戴云镂冠，面相圆润饱满，具有西夏人物形象的特征。周围有侍从跟随。

100. 第29窟东壁中央　文殊变　西夏

Illustration of Mañjuśrī, central east wall, Cave 29, Western Xia

骑狮的文殊菩萨居中，周围簇拥着随行的天人。背景山水以水墨绘成，山峦与树木描绘成十分规则的形状，具有图案化的效果。文殊的侍从虽为天人，却表现出世俗人物的特征。

101. 第29窟西壁中部　普贤变　西夏

Illustration of Samantabhadra, middle section of west wall, Cave 29, Western Xia

普贤变构图形式与文殊变相似，画面中央被毁，只能看到普贤菩萨的坐骑白象以及前后随行的天人。人物形象写实，尤其是白象前拄杖的老人和小孩的形象生动。

102. 第29窟西壁　普贤变　老人像　西夏

Portraits of the elder from the illustration of Samantabhadra, west wall, Cave 29, Western Xia

老人着圆领长袍，足踏芒鞋，身体微微弯曲，拄杖而行。

103. 第29窟西壁　秃发童子　西夏

Baldness boys, west wall, Cave 29, Western Xia

童子双手合十，秃发，仅穿上衣，下体赤裸。正跨步向前，却又回头向后看，动态自然而神情天真。男子秃发形式是西夏党项民族的特征。

104. 第29窟东壁南侧　金刚　西夏

Guarding warrior, south side of east wall, Cave 29, Western Xia

金刚黄发竖立，三目圆睁，目放怒火，口中含蛇，左手抓蛇尾，右手上举握金刚杵，右腿拉开形成弓步，足下踏着三头蛇，身体半裸，仅腰部围着虎皮裙。画面以强烈的红色与绿色相对画出，表现出一种神秘感。

105. 第29窟南壁东侧　国师像，西夏

Portrait of the State Tutor, east side of south wall, Cave 29, Western Xia

壁画中一僧人坐在方形高台上，头戴山形冠，身披袈裟，右手拈花做供养状。一童子在身后为他撑着圆形伞盖。侧面几案上放着香炉等供品。座前有数十位僧人，都双手合十、礼拜供养。国师像前有西夏文榜题，译作“真义国师昔毕智海”。“昔毕”，或译作“西壁”，是党项族的大姓。从题记中可知高僧为地位崇高的国师，西夏崇奉佛教，文献记载的高级僧人有：帝师（西夏晚期出现）、国师、德师、法师、禅师、仁师、忠师等。

106. 第29窟南壁东侧 男供养人 西夏

Female donor figures, east side of south wall, Cave 29, Western Xia

这是国师身后的三身供养人。第一身榜题意为“□□□沙州监军摄受赵麻玉一心皈依”，第二、三身的题记文字均模糊不清，但可知均为赵麻玉之子，第二身供养人后有一小孩，是赵麻玉之孙没力玉。在国师像下部还有一排供养人，其中第二位题记完整，意为“施主长子瓜州监军司通判奉纳赵祖玉一心皈依”，据专家研究，赵祖玉是真正的窟主，他的身份是“瓜州监军司通判奉纳”，赵麻玉是其父，没力玉是其子。

107. 第29窟南壁东侧　供养人侍从　西夏

Attendants of the donors, east side of south wall, Cave 29, Western Xia

三身童子，其中两身为秃发，都是剃去头颅顶部以及后脑勺的头发，仅保留头前边沿部分。公元1033年，西夏国王李元昊颁布秃发令。壁画中秃发形象是西夏党项族习俗的形象资料。

108. 第29窟南壁西侧　女供养人　西夏

Female donor figures, west side of south wall, Cave 29, Western Xia

为首的是一位比丘尼，西夏文题记意为“出家和尚庵梵亦一心皈依”，这里的“和尚庵”就是现在所说的“尼姑庵”。比丘尼内穿左衽大袖绿色锦袍，外披红色袈裟。紧随其后的女供养人共六身，根据题记可知她们是东侧男供养人的家眷。

109. 第2窟窟顶　藻井　西夏

Ceiling design, Cave 2, Western Xia

藻井中心的龙，身体弯曲成环形，龙口大张。龙的周围以黑白红绿等色涂绘成具有穿梭感觉的套环，动感十足。圆环外绘出舒展的云纹。井心外有多层装饰图案，包括回纹、联珠纹、缠枝花草纹、菱形花叶纹、菱格纹、团花纹等，颜色主要有土红与石绿、白色相间，表现出绚丽、明亮的效果。

110. 第2窟南壁　说法图　西夏

Preaching scene, south wall, Cave 2, Western Xia

释迦牟尼佛结跏趺坐在莲花宝座上，左右胁侍文殊、普贤两大菩萨，众弟子、菩萨和天龙八部侍立其后，前方比丘、比丘尼、天众等礼拜供养。佛身后的弟子、菩萨和天龙八部等只露出头部和上半身，显得人数众多。本窟同样构图的说法图有八铺，主尊塑像是文殊菩萨，有学者认为这些说法图表现的是《法华经》所记载的日月灯明佛入灭后文殊教化其八子依次成佛的故事。

111. 第2窟西壁南侧　水月观音　西夏

Water-Moon Avalokiteśvara, south side of west wall, Cave 2, Western Xia

巨大、透明的身光圆轮中，观音头戴宝冠，项饰璎珞，坐在水边的岩石上，右臂轻轻搭在屈起的右膝上，右手轻拈串珠，左手微抚岩石。右侧的岩石上摆放着香炉和插有柳枝的净瓶，身后修竹摇曳，怪石嶙峋，天空祥云缥缈，灵鸟蹁跹，画面左下侧，龙女双手合十，正在虔诚礼拜观音。

112. 第2窟西壁北侧　水月观音　西夏

Water-Moon Avalokiteśvara, north side of west wall, Cave 2, Western Xia

观音菩萨肩披绿色大巾，下穿锦裙，左手抚左膝，右手自然伸到胸前，神情悠闲地坐在岩石上。观音一侧的岩石上摆放着插有柳枝的净瓶，身后灵石矗立，岩石后面露出绿竹。天空彩云浮动，一弯新月高悬天际。脚下碧海茫茫，海面上一童子正乘云而来，合掌向观音礼拜，这就是善财童子至普陀珞珈山参拜观音的情形，即“童子拜观音”。画面右下部还画出唐僧取经图。

113. 第2窟西壁北侧　水月观音变　玄奘取经图　西夏

Xuanzang going on a pilgrimage for Buddhist scriptures from the illustration of the Water-Moon Avalokiteśvara, north side of west wall, Cave 2, Western Xia

海岸边，一年轻僧人双手合十，仰首遥礼观音。僧人身后有一位头戴金环、披散着头发、面形如猴子的男子，右手举到额前、遥望远方，左手牵着马。此画面表现的正是唐僧取经的故事，青年僧人就是玄奘，猴脸人物是孙悟空。玄奘于唐贞观元年（627年）开始西行求法，他取道瓜州，出玉门关、经莫贺延碛大沙漠最后到达天竺（古印度）。玄奘曾在瓜州逗留月余，因此，玄奘取经故事在瓜州流传深远。

115. 第3窟　窟室内景　西夏

Interior view, Cave 3, Western Xia

本窟主室平面为长方形，中央设八角形三级佛坛，为曼荼罗（坛城）形式。窟顶为浅穹隆顶，窟顶中心为金刚界五方佛曼荼罗。东壁中央绘八塔变，南侧绘五十一面千手千眼观音变，北侧绘十一面千手千眼观音变；南壁中央绘观无量寿经变，两边分别绘金刚曼荼罗和五方佛曼荼罗；北壁中央绘净土变，两边分别绘五方佛曼荼罗和观音曼荼罗；西壁门上绘维摩诘经变(残)，门南普贤变，门北文殊变。这是一个显密结合以密教内容为主的洞窟。

114. 第2窟东壁北侧　女供养人　西夏

Female donor figures, north side of east wall, Cave 2, Western Xia

两身女供养人梳高髻，戴花钗，穿交领长衫，双手合十，掌间夹着花枝。身材修长，虔诚向佛。

116. 第3窟窟顶　藻井　西夏

Ceiling center, Cave 3, Western Xia

窟顶中央画圆形的金刚界曼荼罗。曼荼罗外的四角各画一金刚杵，象征佛智的无坚不摧。曼荼罗外的边饰图案非常精美，大约有八层，从内往外依次是圆环套联纹、回纹、缠枝牡丹纹、千佛、莲瓣纹、六出龟纹、波状花卉鸟兽纹，最外层是垂幔。

117. 第3窟窟顶　金刚界曼荼罗　西夏

Vajradhātu mandala, ceiling in Cave 3, Western Xia

金刚界曼荼罗中央圆轮内有五身佛：居中的是大日如来，东面是阿閦如来，南面宝生如来，西面无量寿如来，北面不空成就如来。圆轮外方形坛场的四隅画四身菩萨，分别是金刚波罗蜜菩萨、宝波罗蜜菩萨、法波罗蜜菩萨、业波罗蜜菩萨，是大日如来最为亲近的四身波罗蜜菩萨。坛场四面门内画四身明王。

118. 第3窟窟顶　藻井图案（部分）　西夏
Ceiling design (detail), Cave 3, Western Xia

边饰图案描绘精细，衔接紧密，过渡自然，色泽以青绿色为主，清雅自然。

119. 第3窟窟顶　藻井图案（部分）　西夏

Ceiling design (detail), Cave 3, Western Xia

这是藻井图案的一角。自上而下可见千佛、联珠纹、六出龟背纹、波状花卉鸟兽纹和垂幔。波状花卉鸟兽纹表现缠枝与花卉之间的云朵中浮现出多种祥禽瑞兽：天马、麒麟、孔雀、虎、羚羊、牛、大象、狮子等。

120. 第3窟正壁中央　八塔变　西夏

Illustration of eight pagodas, center of west wall, Cave 3, Western Xia

八塔变通常是以八座塔表现佛传中的八个场面，象征着释迦牟尼从降生到涅槃的经历。根据《八大灵塔名号经》包括兰毗尼园佛降生处、尼连禅河畔成道处、鹿野苑初转法轮处、祇陀给孤独园现神通处、曲女城为母说法处、耆阇崛山说《法华》等大乘法处、毗耶离城维摩诘示疾处和跋提河畔娑罗树林涅槃处。本窟的八塔变以释迦破魔塔为中心，两侧各画三塔，只画了七座塔，而将涅槃的场面画在最上部。

121. 第3窟正壁中央　八塔变　降魔　西夏

Scene of Defeating Mara from the illustration of eight pagodas, center of west wall, Cave 3, Western Xia

中央大塔同时也作为佛塑像的背景，壁画与彩塑结合，表现降魔内容。佛塔上部两侧，手持武器的魔军正疯狂地进攻释迦牟尼。这座塔的结构很独特，尤其是塔刹饰以华丽的莲花，每瓣莲花上各有一座塔，塔中都坐着一身佛，这是佛的法身毗卢舍那的象征。塔刹的形式与莫高窟附近的成城湾花塔非常相似。

122. 第3窟东壁南侧　五十一面千手千眼观音变　西夏

Illustration of the fifty-faced, thousand-armed and thousand-eyed Avalokitesvara, south side of east wall, Cave 3, Western Xia

通常千手千眼观音都是在观音身上画出无数只手，每只手上有眼，以表现千手、千眼。本窟壁画中画出较多的持物之手，共绘出166种器物，对称地分布在观音的两侧。观音手中所持这些器物中，有的是根据佛经所记而绘，还有大量的不见于佛经记载，而是当时社会生活实有的物品，包括人物、动物、植物、乐器、兵器、法器、建筑、交通工具、生产工具、生产活动场面等。特别是生产工具有：犁、锄、耙、镰、锯、斧、斗、熨斗、船只、耕牛等。生产活动有舂米、打铁、酿酒、耕作等。是反映西夏社会经济生活的珍贵资料。

123. 第3窟东壁南侧　五十一面千手千眼观音变　锻铁图　西夏

Scene of iron forging from the illustration of fifty-faced, thousand-armed and thousand-eyed Avalokiteśvara, south side of east wall, Cave 3, Western Xia

画面左侧：一人用钳子夹住放在铁砧子上的铁块，另一只手高高举大铁锤击打铁块；对面一人双手抡锤击打铁块。右侧一人坐在方凳上，两手一前一后拉着风箱。立柜式风箱上装着两个竖长的活动木板，通过木板的一前一后交替开合来推动空气流动连续鼓风。元代的文献记载了这种风箱。我国使用木风箱鼓风进行冶炼，比欧洲早500—600年。

124. 第3窟东壁南侧　五十一面千手千眼观音变　酿酒图　西夏

Scene of brewery from the illustration of fifty-faced, thousand-armed and thousand-eyed Avalokiteśvara, south side of east wall, Cave 3, Western Xia

图中一妇女蹲在灶火前，一手往火中添薪，一手拿着吹火筒，身边的空地上摆着高足碗、酒壶和木桶；另一妇女站在塔式蒸馏器旁，一手扶在灶膛上，一手托碗，似乎正与烧火的妇女交谈。研究者认为塔式蒸馏器为制酒的蒸馏器，1975年，河北省承德市青龙县出土的金代铜质蒸馏器，印证了这一说法。为我国的烧酒技术的年代提供了有力的佐证。

125. 第3窟东壁南侧　五十一面千手千眼观音变　舂米图　西夏

Scene of rice husking from the illustration of fifty-faced, thousand-armed and thousand-eyed Avalokiteśvara, south side of east wall, Cave 3, Western Xia

农夫双手扶支架，正在用力踏碓。壁画上的碓，是在活动的木杠一端装上圆形的石头（或木头），木杠架在一个横杠支架上，利用杠杆原理，脚踩活动木杠的另一端，石头起落击打固定在地上的石臼。画面一旁有舂好的米和簸箕。碓米之法，我国汉唐时已有。

126. 第3窟东壁南侧　五十一面千手千眼观音变　犁耕图　西夏

Scene of land plowing from the illustration of fifty-faced, thousand-armed and thousand-eyed Avalokiteśvara, south side of east wall, Cave 3, Western Xia

农夫右手扶犁，左手扬鞭，两头健壮的耕牛正拉着一具直辕犁奋力向前犁地。这种称为“二牛抬扛”的方式，至今仍然在耕作中采用。

127. 第3窟东壁北侧　十一面千手观音变　西夏

Illustration of eleven-faced thousand-armed Avalokiteśvara, north side of east wall, Cave 3, Western Xia

观音头像有十一个面分为五层排列，十一面观音象征着大乘佛教的菩萨修完了“十地”，成功地到达了第十一地——佛地。观音的千手伸展开立形成一个美丽的圆环，犹如孔雀开屏一般。每只手中都有一只眼睛，部分手中持物。其中有摩尼宝珠、宫殿、宝剑、金刚杵、梵箧、化佛、宝瓶、羂索等等，还有一些乐器，如鼓、琵琶、钹等。

128. 第3窟南壁　观无量寿经变（局部）　西夏

Amitayurbhavana-sutra illustration (detail), south wall, Cave 3, Western Xia

本窟的观无量寿经变，在建筑结构的表现，人物排列组合等方面描绘严谨精致。图中为经变画中的一部分建筑，后部是经变中的后廊和部分大殿，前面的建筑是重檐攒尖顶方亭和歇山面朝前的龟头屋，庭院和建筑内分散着佛的弟子、菩萨、天王和八部众等。

129. 第3窟北壁西侧 金刚界曼荼罗 供养菩萨 西夏

Attendant bodhisattvas from the Vajradhātu mandala, west side of north wall, Cave 3, Western Xia

菩萨丰乳细腰，头戴宝冠，一手举攀树枝，一手自然下垂，扭腰投足、婆娑起舞。人物造型及绘画表现手法，具有尼泊尔艺术之风。

130. 第3窟西壁北侧　文殊变　西夏

Illustration of Mañjuśrī, north side of west wall, Cave 3, Western Xia

131. 第3窟西壁北侧　文殊菩萨　西夏

Mañjuśrī Bodhisattva, north side of west wall, Cave 3, Western Xia

文殊菩萨及眷属在云海中行进，上部有雄奇的山水为背景。文殊菩萨头戴宝冠、手持如意安详地坐在青狮背莲座上，神情优雅。青狮足踏莲花，形象威猛，昆仑奴左手握鞭、右手使劲往后拉着桀骜不驯的狮子。周围的帝释、天王、菩萨、罗汉、童子等圣众跟随。

132. 第3窟西壁北侧　文殊变上部　山水　西夏

Landscapes from the Mañjuśrī illustration, north side of west wall, Cave 3, Western Xia

群峰耸立，奇石突兀，古刹隐藏幽谷。这是表现文殊的道场清凉山（即五台山）。山水采用水墨画法，岩石的表现体现着皴法特征，岸边的枯树，枝干挺拔，笔力劲健，远处以淡墨渲染，表现朦胧的意境。

138　第3窟西壁南侧　普贤变　西夏
Illustration of Samantabhadra, south side of west wall, Cave 3, Western Xia

134. 第3窟西壁南侧　普贤菩萨及眷属　西夏

Samantabhadra bodhisattva with his attendants, south side of west wall, Cave 3, Western Xia

普贤变与文殊变相对画出，中央为普贤菩萨头戴宝冠、手执梵夹，坐在白象背上，白象低着头奋力前行，象奴双手紧握缰绳用力拉拽着白象。梵天、菩萨、天王、罗汉等跟随在普贤菩萨周围，背景中远山近水清晰可见。

135. 第3窟西壁南侧　普贤变　山水　西夏

Landscapes from the illustration of Samantabhadra, south side of west wall, Cave 3, Western Xia

137. 第3窟西壁南侧　普贤变　唐僧取经图　西夏

Xuanzang going on a pilgrimage for Buddhist scriptures from the illustration of Samantabhadra, south side of west wall, Cave 3, Western Xia

玄奘法师光着头、穿短衫、脚蹬麻鞋，站在激流滚滚的岸边。身后是猴脸的孙悟空，龇牙咧嘴，仰头望天。玄奘身后的白马迎风而立。马背上有莲花座，座上盛放着经包，光芒四射。表明是取经返回的途中。

136. 第3窟西壁南侧　普贤变　山水　西夏

Landscapes from the illustration of Samantabhadra, south side of west wall, Cave 3, Western Xia

普贤身后的山水，奇峰突起、雾锁山腰，山中有瀑布流下，寺院楼阁错落有致，丛林中曲径通幽，竹舍茅屋清静简朴。上部雄奇的山势体现着北宋山水的壮阔境界，而山中的丛林及近景树石的画法，又反映出南宋山水画的一些特色，说明两宋绘画对西夏的影响。

138. 第10窟窟顶 藻井 西夏

Ceiling center, Cave 10, Western Xia

窟顶藻井图案，装饰丰富而华丽，中央井心为九品曼荼罗，中央圆心内一坐佛，围绕中央的坐佛有八瓣莲花，每一莲瓣内均有一佛，合为九佛，象征九品往生。由中央向四披的图案层次丰富，有回纹、联珠纹、卷草鸟兽纹、连续龟甲纹、轮形纹、垂角纹等，最外层为赴会佛、伎乐飞天等。

139. 第10窟窟顶　藻井图案　西夏

Ceiling design, Cave 10, Western Xia

图案纹样中，最上部的回纹图案隐一“天”字，下部的回纹图案中隐一“国”字，象征佛教的天国，极富创意。此外，在卷草中分别描绘象、狮、飞马、凤鸟、鹦鹉、孔雀等形象，使图案纹样生动有趣。

140. 第10窟窟顶西披　飞天（之一）　西夏

Apsara (I), west slope of the ceiling, Cave 10, Western Xia

两身飞天都头束高髻，飘带绕身飘扬。一身侧身而坐，吹奏横笛，神情专注；一身作胡跪状，面向吹奏横笛的飞天，似乎为配合对方的音乐，按其节奏而击打拍板。

141. 第10窟窟顶西披　飞天（之二）　西夏

Apsara (II), west slope of the ceiling, Cave 10, Western Xia

四身飞天，两两呼应成组。左侧一组，一身吹横笛，一身击打拍板；右侧一组，一身吹笙，一身拍打腰鼓。飞天优美的身姿与上部的装饰图案构成华丽的效果。

142. 第10窟窟顶西披　飞天（之三）　西夏

Apsara (III), west slope of the ceiling, Cave 10, Western Xia

左侧两身飞天侧身向左，斜躺着分别拍打着腰鼓和手鼓，右侧一身向右侧身后仰，吹奏竖笛。

143. 第10窟窟顶西披　飞天（之四）　西夏

Apsara (IV), west slope of the ceiling, Cave 10, Western Xia

飞天侧身而坐，左手持手鼓，右手持鼓槌打击。手鼓两面蒙皮，皮膜上还有花纹。类似今新疆地区流行的手鼓。但在壁画中这种乐器并不多见。

144. 第10窟窟顶西披　飞天（之五）　西夏

Apsara (V), west slope of the ceiling, Cave 10, Western Xia

飞天束高发髻，项饰瓔珞，斜身而坐，怀抱琵琶，神情专注地演奏乐器。琵琶弹奏的方式与今天的琵琶演奏相同。

145. 第10窟窟顶西披　飞天（之六）　西夏

Apsara (VI), west slope of the ceiling, Cave 10, Western Xia

飞天侧身斜躺，双腿弯曲，身体后仰。正演奏着胡琴，琴筒木制并蒙皮膜，琴杆镶入琴筒中，琴杆顶部为卷苏形，杆上有二弦，飞天左手按弦，右手拉着一弓。与今天拉二胡的形式相同，这是现存最早的胡琴资料，在我国音乐史上具有重要的价值。

146. 第10窟甬道顶　图案　西夏

Patterns, ceiling of the corridor, Cave 10, Western Xi

图案为圆环套联纹（《营造法式》中称为“四斜球纹”），每个圆环套联纹的正中以花卉点缀。图案中央的圆环内双凤回旋飞翔。圆环套联纹，还见于榆林窟第3窟窟顶和莫高窟第61窟甬道顶，为西夏时期的典型图案。

147. 第4窟窟顶东披　图案　元

Patterns, east slope of the ceiling, Cave 4, Yuan dynasty

窟顶藻井的井心大部残毁，但四披图案丰富，有莲花纹、茶花纹、卷草纹、圆环套联纹、回纹、垂幔、千佛、卷草海石榴花等。其中卷草海石榴花鸟纹边饰，颜色鲜艳，花朵之间以禽鸟点缀。

148. 第4窟北壁东侧　释迦、多宝并坐图　元

Śākyamuni and Prabhūtaratna sitting side by side, east side of north wall, Cave 4, Yuan dynasty

画面正中二菩萨并坐在佛座上，身姿手势一致：都头戴宝冠、长发披肩，裸露上身，下穿短裙，双手作说法相。二菩萨之间装饰着三座小型宝塔，有人认为是《法华经》“见宝塔品”的内容，也就是通常说的释迦、多宝佛并坐说法图。密教图像中往往佛作菩萨装的形象，或许是受藏密影响的二佛并坐说法图，从背景中的山峦也可看做是释迦说法的场所灵鹫山。

150. 第4窟南壁东侧　白度母曼荼罗（局部）　元

White Tara Mandala (detail), east side of south wall, Cave 4, Yuan dynasty

白度母身后，用蓝、绿、红、黄等颜色绘制了连成一片犹如锯齿状的山峦，交错变化的色块形成的山峦具有强烈的装饰效果。山峦顶上还有白色卷云，空中有花朵飘下。

149. 第4窟南壁东侧　白度母曼荼罗　元

White Tara Mandala, east side of south wall, Cave 4, Yuan dynasty

白度母面目端庄祥和，结跏趺坐，两手作说法印。面前的莲池中盛开着五朵大莲花，上面各坐着一身菩萨。藏地佛教徒认为，唐朝时的文成公主就是白度母的化身。藏语把度母称为“卓玛”。修持白度母法，能消除病因灾劫，能增长寿命及福慧，斩断轮回之根，免除魔障瘟疫，凡有所求无不如愿。

151. 第4窟东壁北侧　释迦说法图　听法菩萨　元

Bodhisattvas in the preaching scene of Sakyamuni, north side of east wall, Cave 4, Yuan dynasty

这是说法图下部的听法天众。左右各有四身菩萨，组成八大菩萨；另外有释梵天众、天龙八部和两身金刚力士。人物比例准确，强调动态，线描精细，注重色彩的运用，善于利用对比色，塑造不同的形象。

152. 第4窟西壁北侧　文殊变上部山水　元

Landscape from the illustration of Mañjuśrī, north side of west wall, Cave 4, Yuan dynasty

青绿色山峰耸峙，寺院隐现，古树参天。青绿山水流行于唐代壁画中，但本窟的青绿山水对山峦的表现中有皴法，是元代新的山水画风格。

153. 第6窟明窗前室西壁北侧　供养人　元

Donor figures, north side of west wall in the antechamber, Cave 6, Yuan dynasty

男女两身供养人并坐在低矮有靠背的床榻上，均穿蒙古族服装。男供养人头戴宝冠，垂辫髻，身穿比肩交领窄袖长袍，脚蹬靴子；女供养人头戴姑姑冠，冠顶高耸，身穿交领窄袖长袍。男女两人都交手于胸前，手中各握一只金刚杵；身后各侍立一人。

154. 第6窟明窗甬道北壁　供养人　元

Donor figures, north wall of the corridor, Cave 6, Yuan dynasty

一男一女两身供养人，男性头戴笠子帽，身穿交领窄袖长袍，双手合十。女性头戴姑姑冠，身穿交领长袍，双手合十。头戴姑姑冠和身穿大袍是元代蒙古族贵族妇女的流行服装。

图书在版编目（CIP）数据

榆林窟 / 敦煌研究院编. — 南京：江苏凤凰美术出版社，2014.7（2023.5重印）
（中国石窟系列）
ISBN 978-7-5344-7277-0

Ⅰ.①榆… Ⅱ.①赵… Ⅲ.①石窟—介绍—榆林市 Ⅳ.①K879.29

中国版本图书馆CIP数据核字（2014）第050952号

项目策划　毛晓剑
责任编辑　毛晓剑
　　　　　郭　渊
　　　　　龚　婷
项目协力　程继贤
装帧设计　毛晓剑
责任校对　吕猛进
责任监印　生　嫄

书　　名　榆林窟
编　　者　敦煌研究院
出版发行　江苏凤凰美术出版社（南京市湖南路1号　邮编210009）
制　　版　南京新华丰制版有限公司
印　　刷　南京爱德印刷有限公司
开　　本　889mm × 1194mm　1/16
印　　张　11.25
版　　次　2014年7月第1版　2023年5月第7次印刷
标准书号　ISBN 978-7-5344-7277-0
定　　价　320.00元

营销部电话　025-68155675　营销部地址　南京市湖南路1号
江苏凤凰美术出版社图书凡印装错误可向承印厂调换